NORDSEEKÜSTE

Regioführer spezial

DIE AUTOREN

Hans-Jürgen Fründt, Jahrgang 1957, ist ein gebürtiger Schleswig-Holsteiner Jung und schreibt seit 1983 Reiseführer. Der fließend Spanisch und Plattdüütsch sprechende Autor spezialisierte sich zunächst auf Spanien und Mittelamerika. Rund 20 Bücher veröffentlichte er zu diesen Regionen. Nach einigen Jahren in der Ferne besann er sich auch auf seine heimatlichen Gefilde. Als Ergebnis entstanden mittlerweile 20 Titel zu den faszinierenden Landstrichen an der Ost- und Nordseeküste.

Tanja Klindworth schreibt auf www.spaness.de über Wellbeing Life & Travel. Sie reist viel, sowohl privat als auch beruflich. Dabei ist sie gern Slow Travel unterwegs – in Wanderschuhen, per Fahrrad, in einem Wellness- oder Spahotel, auf der Suche nach spannenden Zielen vor der Haustür in ihrer Heimat Norddeutschland oder bei einem entspannten Roadtrip mit der Familie.

www.vistapoint.de

INHALT

EXTRAS – ZUSATZINFORMATIONEN

ORTE AUS »1000 PLACES TO SEE BEFORE YOU DIE«

Zeichenerklärung

10 **Top 10**
Das müssen Sie gesehen haben

Vista Point
Reiseregionen, Orte und Sehenswürdigkeiten

Symbole
Verwendete Symbole siehe vordere innere Umschlagklappe.

Kartensymbol: Verweist auf das entsprechende Planquadrat der ausfaltbaren Karte bzw. der Detailpläne im Buch.

Willkommen an der Nordseeküste

Schon beim Klang des Wortes »Nordseeküste« möchte man sich weg- oder vielmehr hinträumen. Hört förmlich das Brechen der Wellen, das Tosen der Brandung, das Gurgeln des abfließenden Wassers. Ahnt vielleicht die endlosen Strände. Sieht sich lässig im Strandkorb herumlümmeln, den vorbeiziehenden Wolken nachschauen, dem Möwenkreischen lauschen.

Ja, keine Frage, das alles gibt es. Aber nur auf den Inseln. Nur dort wird man die wellenbrechende Nordsee vor einem weißen Sandstrand auch tatsächlich erleben können. Die Festlandsküste hingegen kann mit der einen Ausnahme von St. Peter-Ording nicht mit langen Sandstränden aufwarten. Zwar gibt es in einigen Orten einen Klecks Sandstrand, aber überwiegend sonnt man sich dort doch am Deich, der denn auch treffend »grüner Strand« genannt wird. Und das Wellenbrechen verhindern sowieso die Gezeiten, die sich am Festland viel stärker bemerkbar machen als auf den Inseln. Tut alles nichts, es gibt trotzdem genügend zu entdecken. Da wäre zunächst

einmal das Wattenmeer. Sechs Stunden läuft das Wasser ab, sechs Stunden läuft es auf. Dazwischen kann man dann auf dem Meeresgrund herumspazieren und eine faszinierende Welt betrachten.

Aber auch an Land gibt es viel zu sehen. Beispielsweise die malerischen Sielhäfen in Ostfriesland, wo noch immer Krabbenkutter auslaufen und nach Rückkehr der Fang direkt von Bord verkauft wird. Oder die endlosen Deiche, auf denen man stundenlang herumlaufen kann. Weit wandert der Blick, mindestens bis zum Horizont. Unterbrochen höchstens einmal von einer Reihe windschiefer Weiden. Überhaupt der Wind. Der ist immer präsent, bläst meist aus Westen. Manchmal als laues Lüftchen, manchmal als steife Brise. Selten als Sturm, aber auch das kommt mal vor. Gehört einfach dazu.

Und dann wären da noch die Inseln. Jede einzelne unverwechselbar, jede mit eigenem Flair. Da gibt es stille, autofreie Eilande in Ostfriesland, aber auch die schrill-quirlige Szene auf Sylt. Man findet mondäne Eleganz auf Norderney oder die ländliche Bodenständigkeit Pellworms. Oder gar die beschaulich-begrenzte Welt einer kleinen Hallig – nichts, was es nicht gäbe an der Nordseeküste.

Strandleben in Westerland auf Sylt

Top 10: Das müssen Sie gesehen haben

1 Bremerhavens maritime Meile
S. 12 ff. ➡ cA/cB1/2
Gleich mehrere spannende Einrichtungen erwarten den Besucher hier, u. a. der Museumshafen, das Klimahaus 8° Ost, das Deutsche Schifffahrtsmuseum und das Deutsche Auswandererhaus.

2 Kunsthalle in Emden
S. 37, 40 ➡ P4
Hochkarätige Sammlung von Werken der modernen Kunst, initiiert von Henri Nannen.

3 Greetsiel
S. 42 f. ➡ O3
Zauberhaftes Fischerdorf mit einem historischen Hafen, in dem malerisch die Krabbenkutter dümpeln.

4 Insel Juist
S. 90 ff. ➡ M2/3
Die entschleunigte Insel: Pferdewagen zockeln vom Fähranleger ins Dorf und der Besucher schaltet gedanklich gleich zwei Gänge herunter.

5 Insel Norderney
S. 93 ff. ➡ M4/5
Vielfalt auf kleinem Raum: Mondänes Flair, stille Natur und prächtiger Strand liegen in enger Nachbarschaft.

6 Insel Spiekeroog
S. 99 ff. ➡ L/M7/8
Entspannung pur: Kein Auto, kein Fahrrad, hier geht man zu Fuß. Hektik? Kennt man nicht.

7 Strand von St. Peter-Ording
S. 114, 115 ➡ F/G12/13
Sagenhafter Sandstrand, der sich über zwölf Kilometer erstreckt, stellenweise 2000 Meter breit und mit reizvollen Stelzenhäuschen gespickt ist.

8 Emil-Nolde-Museum in Seebüll
S. 139, 140 ➡ A13
Die Schönheit der friesischen Landschaft, gebannt auf farbenprächtigen Aquarellen.

9 Erlebniszentrum Naturgewalten in List (Sylt)
S. 149, 150 ➡ aA2
Spektakuläre multimediale Ausstellung, die zugleich die Urgewalt und die beeindruckende Lebenswelt der Nordsee zeigt.

10 Nebel auf Amrum
S. 154 ff. ➡ C11
Malerisches Friesendorf mit einem Friedhof, auf dem »sprechende Grabsteine« vom abenteuerlichen Leben früherer Menschen erzählen.

0 25 km
DÄNEMARK
Tønder
Als
Sønderborg
Glücksburg
Westerland
Sylt
Neukirchen
Föhr
Dagebüll
Flensburg
SCHLESWIG-
Amrum
Langeneß
Schlei
Hallig Hooge
Pellworm
Schleswig
Eckernförde
Husum
Nordstrand
Treene
St. Peter-Ording
Friedrichstadt
Rendsburg
Eider
Deutsche Bucht
Helgoländer Bucht
Heide
Büsum
Nord-Ostsee-Kanal
Neumünster
Trischen
Scharhörn
HOLSTEIN
Stör
Neuwerk
Brunsbüttel
Itzehoe
Ostfriesische Inseln
Spiekeroog
Wangerooge
Langeoog
Norderney
Cuxhaven
Juist
Baltrum
Elbe
Alte Mellum
HAMBURG
Borkum
Norden/Norddeich
Stade
Wilhelmshaven
Oste
Bremerhaven
Ems-Jade-Kanal
Emden
NIEDERSACHSEN
Buxtehude
NIEDERLANDE
Varel
Ostfriesland
Groningen
Ems
Leer
Weser
BREMEN
Buchholz

Ein Rundgang durch die Stadt der Ozeanriesen

Theodor-Heuss-Platz – Kunstmuseum – Museumshafen – Deutsches Schifffahrtsmuseum (DSM) – Atlantic Hotel Sail City – Columbus Shopping Center – Klimahaus® Bremerhaven 8° Ost – Zoo am Meer – Deutsches Auswandererhaus – Bürgermeister-Smidt-Gedächtniskirche – Historisches Museum Bremerhaven – Schaufenster Fischereihafen.

Bremerhaven ist keine alte Stadt, und eigentlich sagt es der Name schon: Die Stadt entstand einst, weil Bremen einen Hafen an der Außenweser benötigte. Der Bremer Senat kaufte 1827 dem Königreich Hannover das benötigte Land für etwa 73 000 Taler ab und baute umgehend einen Hafen. Damit hatten die Bremer über die Weser Zugang zur Nordsee. Der Überseehafen gehört immer noch der Stadt Bremen, obwohl Bremerhaven eine eigene kreisfreie Stadt ist.

Schon der Name sagt es: Bremerhaven ist vom Hafen geprägt

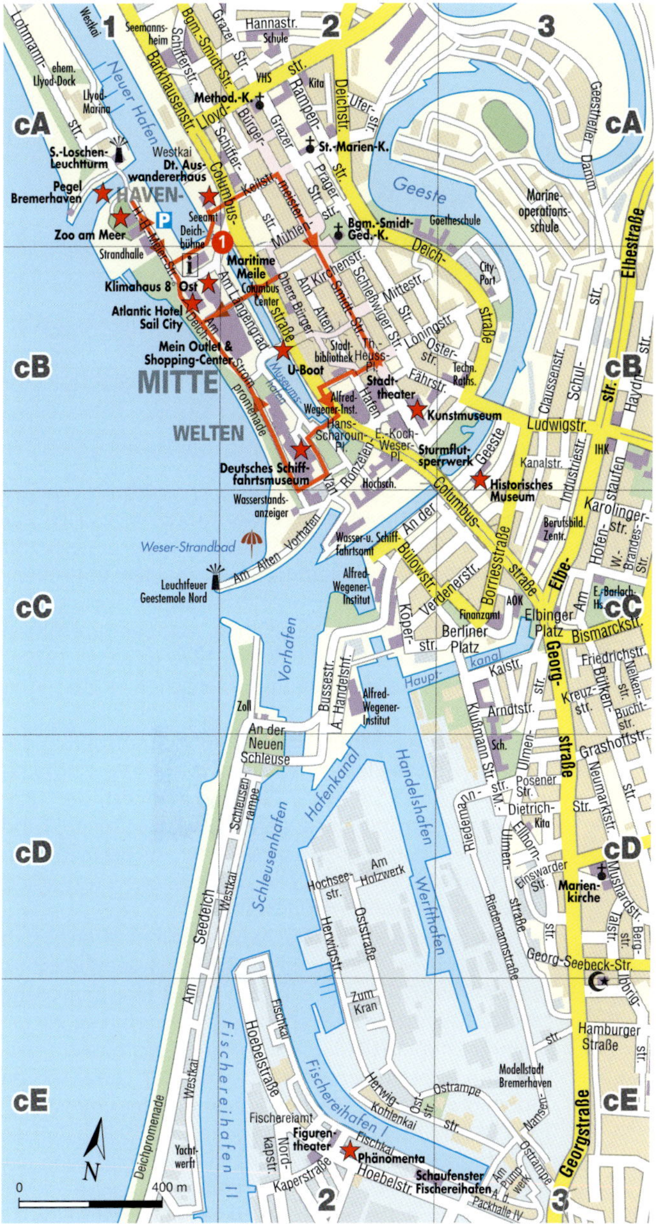
HAVEN-
MITTE
WELTEN
Neuer Hafen
Geeste
Vorhafen
Schleusenhafen
Hafenkanal
Handelshafen
Werfthafen
Fischereihafen I
Fischereihafen II
Weser-Strandbad
S.-Loschen-Leuchtturm
Pegel Bremerhaven
Zoo am Meer
Dt. Auswandererhaus
Klimahaus 8° Ost
Atlantic Hotel Sail City
Mein Outlet & Shopping-Center
U-Boot
Deutsches Schifffahrtsmuseum
Stadttheater
Kunstmuseum
Sturmflutsperrwerk
Historisches Museum
Figurentheater
Phänomenta
Schaufenster Fischereihafen
Marienkirche
Marineoperationsschule
Columbusstraße
Georgstraße
Elbestraße
Deichstraße
Ludwigstr.
Bismarckstr.
Hamburger Straße
Berliner Platz
Elbinger Platz
0
400 m
N

Schiffe im Containerhafen Bremerhaven

Im Jahr der Gründung zählte Bremerhaven genau 19 Einwohner. Mit der Zeit entwickelte es sich zur heute größten deutschen Stadt der Nordseeküste mit 114 000 Einwohnern und einem riesigen Containerhafen. Viele Jahre war Bremerhaven ein Sprungbrett in die Neue Welt: Vom größten Auswandererhafen Deutschlands brachen zwischen 1830 und den 1970er Jahren rund sieben Millionen Menschen in ein neues Leben auf.

Ein guter Ausgangspunkt für eine Stadttour ist der **Theodor-Heuss-Platz** ➡ cB2, in dessen Mitte ein Denkmal an Johann Smidt (1773–1857) erinnert, der 1827 als Bremer Bürgermeister den Kaufvertrag für das Land unterschrieb und deshalb als Gründer von Bremerhaven gilt. Ganz in der Nähe zeigt der Kunstverein Bremerhaven in seinem **Kunstmuseum** ➡ cB2 eine Auswahl von Werken seiner seit 1886 aufgebauten öffentlichen Sammlung von Grafiken, Plastiken und Gemälden.

Am Weserdeich erstreckt sich die ❶ **maritime Meile** ➡ cA/cB 1/2 mit den **Havenwelten Bremerhaven**, einem mehrere hundert Millionen teuren Tourismuszentrum, das die zahlreichen Attraktionen der Hafenregion durch die gläserne Havenpassage mit der City verbindet. Diese Entwicklung begann in den 1960er Jahren am Standort des Alten Hafens mit der Errichtung des **Museumshafens** ➡ cB2, wo heute zahlreiche Schiffe wie der Haffkahn »Emma«, das Feuerschiff »Elbe 3«

und das U-Boot »Wilhelm Bauer« – das einzige noch erhaltene U-Boot des Typs XXI und eines der modernsten des Zweiten Weltkriegs – liegen.

Fast die gesamte Flotte gehört zum **Deutschen Schifffahrtsmuseum** ➡ cB2, das 1969–75 nach Plänen von Hans Scharoun gebaut wurde. Auf über 8000 Quadratmetern gibt es einen fulminanten Querschnitt durch die deutsche Marine- und Seefahrtsgeschichte. Ausgestellt sind neben einer aufwendig restaurierten Hansekogge aus dem Jahr 1380 Modelle von Segel-, Handels- und Kriegsschiffen, erklärt werden auch Schiffbau, Walfang, Polarforschung, Hochseefischerei, Gezeiten, klassische und moderne Navigation und Rettungswesen.

Nur wenige Meter vom Museum entfernt hat das **Weser-Strandbad** ➡ cC2 2014 runderneuert wieder eröffnet. Baden ist in der Weser jedoch verboten. Der Spaziergang führt auf der Deichpromenade entlang der Wasserkante in Richtung Norden zum unübersehbaren, segelförmigen **Atlantic Hotel Sail City** ➡ cB1, dessen Bauform an das Burj Al Arab in Dubai erinnert. Von den Aussichtsplattformen in der 20. und 21. Etage des mit 140 Metern höchsten Gebäudes der Stadt bietet sich ein Panoramablick über Bremerhaven.

Daneben schließt sich das **Mein Outlet & Shopping-Center** ➡ cB1/2 an, das an ein südländisches

Der denkmalgeschützte Leuchtturm Roter Sand in der Außenweser

Glasbrücke im Alten Hafen

Dorf erinnert – mit Piazza und Arkadengängen. Das **Columbus Shopping Center** ➡ cB2, ein noch größeres Einkaufszentrum, liegt gegenüber und ist über die hundert Meter lange **Havenbrücke** ➡ cB2 (von der Plaza zwischen Klimahaus und Outlet-Center) leicht erreichbar. Die Glasröhrenbrücke kann um 90 Grad zur Seite geschwenkt werden, um Schiffen die Durchfahrt zu ermöglichen.

Zurück an der Deichpromenade folgt das **Klimahaus® Bremerhaven 8° Ost** ➡ cB1, eine einzigartige Ausstellung, bei der Besucher eine Reise um die Welt durch verschiedene Klimazonen entlang dem achten östlichen Längengrad, an dem auch Bremerhaven liegt, unternehmen. Dabei werden verschiedene Regionen mit ihren jeweils völlig unterschiedlichen Klimazonen und klimatischen Bedingungen anschaulich nachgebildet. Man erlebt sowohl die trockene Hitze des Niger als auch die tropisch-schwüle Wärme Samoas und die klirrende Kälte im Packeis der Antarktis.

Nur ein kurzes Stück weiter auf dem Deich leben im **Zoo am Meer** ➡ cA1 solche Tiere, die eher ein kälte-

Eine architektonische Augenweide: das Klimahaus® Bremerhaven 8° Ost

Abschied, Aufbruch, Überfahrt: die Ausstellung des Deutschen Auswandererhauses

res Element bevorzugen: Eisbären, Robben, Pinguine, Polarfüchse ... Durch riesige Glasscheiben können sie hautnah betrachtet werden. Angeschlossen ist das **Nordsee-Aquarium**.

Gegenüber vom Zoo am Meer und auf der anderen Seite des Hafenbeckens, in dem Traditionsschiffe liegen, dokumentiert das **Deutsche Auswandererhaus** ➡ cA1 sehr eindrucksvoll die Strapazen der Schiffsreise nach Übersee, die hier in Bremerhaven für Millionen Menschen ihren Anfang nahm. Neben der Geschichte der deutschen und europäischen Auswanderung präsentiert der 2012 eröffnete Erweiterungsbau die Einwanderungsgeschichte nach Deutschland. Im Forum Migration kann man selbst in Datenbanken und Archiven nach ausgewanderten Vorfahren suchen.

Über die Keilstraße erreicht man die Fußgängerzone **Bürgermeister-Smidt-Straße** ➡ cA1–cB2, die von vielen kleinen und größeren Geschäften gesäumt wird. Dort steht auch die 1855 geweihte

Schaufensterbummel im Fischereihafen

Bürgermeister-Smidt-Gedächtniskirche ➡ cA2 (genannt: Große Kirche). Ihr 80 Meter hoher Turm wurde so hoch gebaut, um auch von Schiffen aus als Landmarke gesehen zu werden. Die Fußgängerstraße mündet schließlich wieder in den Ausgangspunkt des Rundgangs, den Theodor-Heuss-Platz.

Von hier aus kann man noch ein interessantes Museum besuchen: das **Historische Museum Bremerhaven** ➡ cB3. Es vermittelt einen multimedialen Abriss der Stadtgeschichte, ausgehend von ersten menschlichen Spuren in der Region.

Die Stadtbusse Nr. 505 und 506 bringen Besucher zu dem touristischen Areal **Schaufenster Fischereihafen** ➡ cE2/3, das etwa drei Kilometer entfernt liegt. Hier locken kleine Geschäfte, Fischrestaurants, ein Café, ein Theater und das Seefischkochstudio. Dort können die Besucher auch etwas über Fische und deren Verarbeitung lernen. Und schließlich dürfte für Familien mit Kindern ein Besuch in der Experimentierausstellung **Phänomenta** ➡ cE2, wo Anfassen und Ausprobieren ausdrücklich erwünscht sind, spannend sein.

Service-Informationen Bremerhaven

Tourist Information ➡ cB1
H.-H.-Meier-Str. 6, 27568 Bremerhaven
✆ (04 71) 41 41 41, www.bremerhaven.de/tourismus
Tägl. Ende März–Okt. 9.30–18, Nov.–Ende März 9.30–17 Uhr

Deutsches Auswandererhaus ➡ cA1
Columbusstr. 65, Bremerhaven
✆ (04 71) 902 20-0, www.dah-bremerhaven.de
Tägl. März–Okt. 10–18, Nov.–Feb. 10–17 Uhr
Eintritt € 15,80/9
Erlebnismuseum zur deutschen und europäischen Auswanderungsgeschichte. Szenisch werden die einzelnen Stationen einer Auswanderung dargestellt: Abschied, Aufbruch, Überfahrt und Ankunft in der Neuen Welt.

Deutsches Schifffahrtsmuseum ➡ cB2
Hans-Scharoun-Platz 1, Bremerhaven
✆ (04 71) 482 07-0, www.dsm.museum
Tägl. 10–18 Uhr, Anfang Nov.–Ende März Mo geschl. Wegen Umbau sind Teile bis zur Eröffnung der neuen Ausstellung geschl., die Kogge-Halle ist geöffnet
Eintritt inkl. Museumsschiffe € 6/3 (6–15 J.), Familienkarte Mini € 8,Familienkarte Maxi € 14
Das nationale Forschungsmuseum dokumentiert die deutsche Schifffahrtsgeschichte mit vielen Modellen

Kogge-Halle im Deutschen Schifffahrtsmuseum

und Originalbooten wie dem Raddampfer »Meissen« und der herausragenden Hansekogge von 1380 sowie Navigationsinstrumenten, Waffen und Gerätschaften. Neun Schiffe liegen im **Museumshafen**, vier an Land.

Historisches Museum Bremerhaven ➡ cB3
An der Geeste 1, Bremerhaven
✆ (04 71) 308 16-0
www.historisches-museum-bremerhaven.de
Tägl. außer Mo 10–17 Uhr, Eintritt frei
Multimediale Ausstellung zur Stadtgeschichte, die lange vor der Gründung begann und hier lebendig dargeboten wird in vielen nachgebauten Gebäuden und mit lebensgroßen Figuren.

Klimahaus® Bremerhaven 8° Ost ➡ cB1
Am Längengrad 8, Bremerhaven
✆ (04 71) 90 20 30-0, www.klimahaus-bremerhaven.de
März–Juni Mo–Fr 12–18, Sa/So 11–18, Juli–Feb. tägl. 10–18 Uhr, Eintritt € 17,50/13 (5–17 J.)

Im Fischereihafen

Vor dem Kunstmuseum

Das Klimahaus präsentiert Daten, Fakten und Phänomene zu den Themen Klima, Klimawandel und Klimaschutz. Auf einer »Reise« entlang dem 8. östlichen Längengrad folgen die Besucher dem Bremerhavener Axel, der einmal um die Welt durch die Klimazonen reist. Axels Erlebnisse werden in kleinen Filmsequenzen eingespielt, während man hautnah die Hitze oder Kälte der besuchten Ziele spürt.

Kunstmuseum Bremerhaven ➡ cB2
Karlsburg 1, Bremerhaven
✆ (04 71) 468 38, www.kunstverein-bremerhaven.de
Di–Fr 11–18, Sa/So 11–17 Uhr
Eintritt € 6/4, Familien € 10, Di frei
Der Kunstverein präsentiert aus seiner Sammlung Werke bekannter Künstler wie Moderson-Becker, Beuys oder Gerhard Richter.

Phänomenta ➡ cE2
Hoebelstr. 24, Bremerhaven
✆ (04 71) 41 30 81
www.phaenomenta-bremerhaven.de
Mo–Fr 12–18, Sa/So 10–18 Uhr, Eintritt € 7/3,50
Phänomene aus Technik, Naturwissenschaft und Mathematik werden anschaulich dargeboten. Hier soll man ausdrücklich anfassen, mitmachen und ausprobieren.

Technikmuseum U-Boot »Wilhelm Bauer«
➡ cB2
Hans-Scharoun-Platz 1, Bremerhaven
✆ (04 71) 48 20 70, www.u-boot-wilhelm-bauer.de
15. März–1. Nov. tägl. 10–18, Mitte Mai–Mitte Sept. bis 19 Uhr, Eintritt € 3,50/2,50 (6–17 J.)

Touristen posieren im Neuen Hafen

Das weltweit einzig erhaltene U-Boot des Typs XXI kann besichtigt werden. Es galt im Zweiten Weltkrieg als eines der fortschrittlichsten und modernsten.

Aussichtsplattform Atlantic Hotel Sail City
➡ cB1
Am Strom 1, Bremerhaven
✆ (04 71) 30 99 00
www.atlantic-hotels.de/sailcity
Tägl. April–Sept. 9–21, Okt.–März 10–17 Uhr
Eintritt € 4/3
Architektonisch sehr auffallendes und höchstes Gebäude der Stadt (140 m). Von den Aussichtsplattformen in der 20. und 21. Etage hat man einen tollen Ausblick.

Lale-Andersen-Laterne ➡ nördl. cA2
Lutherstr. 3, Bremerhaven
Die gusseiserne Lale-Andersen-Laterne, die seit 1981 an der Linzer Straße stand, ist 2015 zum Geburtshaus der berühmten Bremerhavenerin umgezogen. Lale Andersen, eigentlich Liese-Lotte Helene Berta Bunnenberg, wurde mit dem 1939 aufgenommenen Soldatenlied »Lili Marleen« weltbekannt. 1942 fiel sie bei den Nazis in Ungnade, u. a. weil sie sich weigerte, an einer Besichtigung des Warschauer Ghettos teilzunehmen.

Weser-Strandbad ➡ cC2
Am Alten Vorhafen, Bremerhaven
✆ (04 71) 300 39 40, www.baeder-bhv.de
Anf. Mai–Ende Sept. tägl. 10–20 Uhr, Eintritt € 3/1
Direkt am Weserdeich gelegenes Strandbad mit Spielplatz, Strandkörben und Strandbar. Das Baden in der Weser ist jedoch verboten.

Zoo am Meer ➡ cA1
H.-H.-Meier-Str. 7, Bremerhaven
✆ (04 71) 308 41-0, www.zoo-am-meer-bremerhaven.de
Tägl. April–Sept. 9–19, März und Okt. 9–18, Nov.–Feb. 9–16.30 Uhr
Eintritt € 9/5,50 (4–14 J.), Mo Familientag € 7/4
In diesem Themenzoo werden nordische Tiere präsentiert, die durch große Fenster auch unter Wasser beobachtet werden können. Obendrein gibt es ein spezielles Nordsee-Aquarium, das in neun Becken verschiedene Nordsee-Lebensräume darstellt.

Fiedlers Fischerdorf ➡ cE3
An der Packhalle IV 34, Bremerhaven
✆ (04 71) 932 23 57, www.fiedlers-fischerdorf.de
Tägl. außer Mo 10–17 Uhr
Im Schaufenster Fischereihafen haben sich mehrere Restaurants angesiedelt. Dieses ist ein uriges Fischlokal auf zwei Ebenen, die Küche bietet Frischfisch und Räucherfisch, hat aber auch andere Speisen. €€

Im Zoo am Meer kommt man Eisbären ungewöhnlich nah

Strandhalle ➡ cB1
H.-H.-Meier-Str. 1, Bremerhaven
✆ (0471) 460 61
www.strandhalle-bremerhaven.de
Mo–Fr ab 12, Sa/So/Fei ab 9 Uhr
Historisches Lokal mit nostalgischem Charme, das unmittelbar an der Weser liegt und ursprünglich für eine Reederei gebaut wurde. Heute wird regionale Küche mit Schwerpunkt auf Fisch serviert. Mit großer Sonnenterrasse zum Wasser. €€

Columbus Shopping Center ➡ cB2
Obere Bürger 127, Bremerhaven
✆ (04 71) 300 82 04
Tägl. außer So bis 19 Uhr
Ein 30 000 m^2 großes Einkaufszentrum mit ca. 75 Geschäften zwischen Fußgängerstraße und Hafenmeile. Schon von Weitem fallen die drei riesigen Wohngebäude in Form von Schiffsschornsteinen auf.

Mein Outlet & Shopping-Center ➡ cB1/2
Am Längengrad 12, Bremerhaven
✆ (04 71) 92 69 07 90
www.mein-outlet-shopping.de
Tägl. außer So 10–19, Lokale tägl. bis 21 Uhr
Das Einkaufszentrum ist mit Piazza, Arkaden und dem typischen Baustil südländischer Häuser einer mediterranen Ortschaft nachempfunden.

Für eine Rundfahrt durch den Hafen bietet sich der HafenBus an

Die Havenwelten verbinden den Alten mit dem Neuen Hafen

HafenBus
Bremerhaven
✆ (04 71) 41 41 41
April–Dez. tägl. 14, April–Okt. Sa/So auch 11 Uhr
Ticket € 14/11,50 (4–17 J.)
Ein Doppeldecker fährt durch das Hafengelände, auch durch das riesige Container- und das Autoterminal. Eine Fahrt dauert 90 Minuten. Zustiege u. a. beim Zoo am Meer, am Deutschen Schifffahrtsmuseum und am Fischereihafen.

Hafenrundfahrt ➡ cA1
Bremerhaven
✆ (04 71) 41 58 50
www.hafenrundfahrt-bremerhaven.de
März–Okt. zwischen 10.30 und 16.30 Uhr zumeist alle 45 Min., Nov.–März seltener, Preis € 12/7
Eine Hafenrundfahrt mit einer Barkasse durch den Überseehafen beginnt am Neuen Hafen, Südkaje.

Ausflugsziel:

Helgoland-Fahrt ➡ cA1
Reederei Cassen Eils
Willy-Brandt-Platz, Bremerhaven
✆ (047 21) 667 00, www.cassen-eils.de
Die MS »Fair Lady« fährt von Anfang Mai bis Ende Sept. täglich nach Helgoland. ■

Im Alten Land prangen üppige Obstplantagen

Genuss im Alten Land: Drei kulinarische Highlights

Frühling im Alten Land: Eine alte Bauernregel besagt: »Die letzte Woche im April bis zehn Tage in den Mai hinein, so soll die Kirschblüte sein!« Ab Ende April verwandeln sich die Obstplantagen in ein Meer aus Blüten. Den Auftakt macht die schneeweiße Kirschblüte, gefolgt von der zartrosa Apfelblüte, die bis Mitte Mai in voller Pracht über den Plantagen strahlt.

Das Alte Land gilt als das größte zusammenhängende Obstanbaugebiet in Nordeuropa. Stolz präsentieren die Obstbauern im Alten Land nicht nur ihre großzügigen Plantagen mit Apfel- und Kirschbäumen, sondern auch ihre prunkvollen Pforten und Fachwerkhäuser. Kein Wunder also, dass in einer solch genussvollen Landschaft auch der Genuss für echte Feinschmecker nicht zu kurz kommt. In heimeligen Hofcafés und Hofläden – mit viel Herzblut geführt und einem regionalen Sortiment – bleibt die Zeit, wenigstens für einen kurzen Moment, einfach stehen. Restaurants mit leckerer norddeutscher Küche runden das kulinarische Angebot ab.

Biohof Ottilie und Ottilie Hofcafé

Als kleine »charmante Hofstelle« beschreibt sich das Hofcafé Ottilie mit Biohof. Doch hinter Ottilie verbirgt sich viel mehr, nämlich ein Mini-Hofladen mit einem regionalen Sortiment aus ausgewählten Naturkostprodukten und ein bezauberndes Hofcafé, in dem die Gäste mit Hingabe gebackene Kuchen und Torten genießen können. Alles in allem also ein idyllischer Ort mit wohlschmeckendem Angebot.

REISEBLOG
Nordseeküste

Abseits von Städten und großen Straßen, direkt am Lühedeich, dem Elberadweg und dem Jakobsweg gelegen, ist das Hofcafé Ottilie längst zu einem echten Geheimtipp geworden. In direkter Nähe laden ein alter Walnussbaum, eine kleine Streuobstwiese und ein blühender Bauerngarten samt lauschigen Nischen – teilweise etwas versteckt zwischen Beeten, Wiesen und Rasenflächen – zu genussvoll entspannten Augenblicken ein.

Im Hofcafé Ottilie wird viel Wert auf echten Geschmack und natürliche Zutaten gelegt. Selbstverständlich ist jedes Gebäck hausgemacht. Neben traditionellem Apfelstreuselkuchen, Buchweizen- und Apfeltorte haben längst auch vegane und glutenfreie Kuchen und Torten einen festen Platz auf der Speisekarte.

***Gut zu wissen:** Für Gruppen ab acht Personen werden im Hofcafé Ottilie auch Termine außerhalb der regulären Öffnungszeiten angeboten.*

Biohof Ottilie ➡ östl. O17
Ort 19, 21720 Mittelnkirchen
✆ (041 42) 81 26 34, www.biohof-ottilie.de
Fr–Mo 11–17.30 Uhr

Gourmetrestaurant N°4 im Navigare NSBhotel

Am Stadtrand der kleinen Hansestadt Buxtehude befindet sich in einem urigen und gemütlichen Gewölbekeller des NSB Navigare Hotels das Gourmetrestaurant N°4 von Sternekoch Jens Rittmeyer, der eine raffinierte nordische Küche serviert. Das exklusive Restaurant hält lediglich vier Tische für bis zu 16 Personen bereit. Durch ein großes Fenster blicken die Gäste direkt in die Küche – so entsteht eine vertrauliche, fast familiäre Atmosphäre. »Nicht nur kochen, sondern Gerichte kreieren«, lautet das Motto. Auf den Teller kommen nur qualitativ hochwertige Produkte, nach Möglichkeit von regionalen Produzenten.

Den Feinschliff erhält jedes Gericht direkt am Tisch, immer begleitet von einem »Schnack« mit Jens Rittmeyer. So erfahren die Gäste beispielsweise etwas über die Zutaten oder auch die Entstehung der Rezepte.

Wer vor den kulinarischen Genüssen durch die Stadt bummelt, begegnet übrigens auch den hier heimischen Märchenfiguren: Buxtehude liegt an der Deutschen Märchenstraße und Hase und Igel, die sich den berühm-

***Gut zu wissen:** Wer intensiver hinter die Kulissen der Sterneküche blicken möchte, kann an einem der exklusiven Erlebniskochkurse mit Jens Rittmeyer teilnehmen. Termine werden regelmäßig angeboten.*

ten Wettlauf geliefert haben, oder auch der Zauberer Petrosilius Zwackelmann aus Otfried Preußlers Räuber Hotzenplotz sind in Buxtehude zu Hause.

Restaurant N°4 im Navigare NSBhotel ➡ östl. O17
Hamburger Str. 47–51, 21614 Buxtehude
✆ (041 61) 749 03 40, www.hotel-navigare.com
Mi–Sa 18–22 Uhr

Der Elbfischer

Weitere Genuss-Manufakturen in Jork: Nordik Edelbrennerei, Altländer Honig-Manufaktur, Lecker MamaLade und die urige Altländer Drogerie Hubert von 1936.

Wer in einer Küstenregion unterwegs ist, der kommt an Fischdelikatessen wohl nicht vorbei. Und um hervorragenden Fisch im Alten Land zu genießen, muss man noch nicht einmal in ein Restaurant einkehren. Mein Tipp: Einfach beim Elbfischer im Städtchen Jork direkt an der Elbe zwischen Wisch und Lühe anhalten. Täglich frisch gefangener Fisch aus der Region steht auf der Speisekarte des von der Familie Buckow geführten Fischbetriebs mit Bistro, Fischerei und Fischfachgeschäft. Täglich fährt Fischkutter Elise hinaus, um zwischen Hamburg und Cuxhaven den Fisch frisch zu fischen. Aus dem Tagesfang werden die verschiedensten Fischgerichte, beispielsweise Aalsuppe, roter Heringssalat oder eingelegte Bratheringe, zubereitet. Natürlich bekommt man im Elbfischer auch ein zünftiges Fischbrötchen oder verschiedene Variationen Räucherfisch. Die Fischerei blickt beim Elbfischer übrigens auf eine lange Tradition zurück: Die Fischerei Buckow gibt es als reinen Familienbetrieb schon seit über 350 Jahren.

Wer schon einmal in Jork ist, sollte sich auch Zeit nehmen für die anderen Sehenswürdigkeiten des Städtchens, das als Herz des Alten Landes bezeichnet wird. Dazu zählen etwa die Mühle Aurora, der Obstlehrpfad und die Kirchen St. Martini, St. Matthias und St. Nikolai.

Der Elbfischer ➡ östl. O17
Wisch 29 B, 21635 Jork
✆ (041 62) 94 27 10, www.elbfischer-buckow.de
Feb.–Okt. Mi–So/Fei 10–18 Uhr, warme Küche 11.30–17.30 Uhr
Ausreichend kostenfreie Parkplätze direkt am Bistro/Fischfachgeschäft

Gut zu wissen: Der Elbfischer hat von November bis Januar Winterpause.

REISEBLOG
Nordseeküste

Venezianisches Vergnügen in Stade: Gondelfahrt auf der Schwinge

Die Hansestadt Stade, an der deutschen Fachwerkstraße und in der Urlaubsregion Altes Land gelegen, lohnt immer einen Besuch, zählt sie doch zu den schönsten Fachwerkstädten Deutschlands und blickt auf eine lange und bewegte Geschichte zurück. Zudem spielt hier das Wasser eine große Rolle: Stade liegt nicht nur an der Elbe, direkt durch das idyllische Städtchen fließt auch die Schwinge. In den Sommermonaten empfiehlt sich das Flüsschen, um mit dem Kanu oder Kajak unterwegs zu sein oder auf dem SUP-Board seine Balance zu trainieren.

Ein ganz besonderes Erlebnis ist die Fahrt in einer echten venezianischen Gondel. Geführt wird das Remo, so nennt sich das Ruder, von Gondoliere Carlo. Die Fahrt startet auf dem Burggraben an der Museumsinsel mitten in Stade. Entlang der Altstadt, vorbei an der Erleninsel, der Hohenthorsbrücke und durch die Schwingewiesen führt die idyllische Rundreise. Beschaulich gleitet die venezianische Gondel durch das Wasser;

Insidertipp: Buchen Sie zu Ihrer Gondelfahrt ein besonderes Erlebnispaket, beispielsweise eine Mondscheinfahrt oder auch das Picknick am Ufer der Schwinge.

Die Schwinge fließt mitten durch die Fachwerkstadt Stade

ab und zu lässt sich Gondoliere Carlo auch zu einem höchstpersönlich vorgetragenen Liedchen überreden.

Angeboten werden in den Sommermonaten sowohl öffentliche Fahrten als auch individuelle Touren. Vom Wasser aus können die Besucher einen ganz anderen Blick auf die kleine Stadt werfen.

Gut zu wissen: Die Teilnehmerzahl ist pro Gondelfahrt auf maximal sechs Personen begrenzt und für die Teilnahme ist eine verbindliche Anmeldung erforderlich.

Gondeley ➡ N17
Im Neuwerk 7, 21680 Stade
Einstieg: Am Schwimmsteg der Museumsinsel, Auf der Insel 2, gegenüber Neubourgstr. 11
✆ (0173) 490 90 91, www.gondeley.de
In Kooperation mit der Stade Marketing und Tourismus GmbH in den Sommermonaten öffentliche Fahrten Sa/So 15 Uhr (Dauer ca. 20 Min.), zudem private Fahrten
Öffentliche Fahrt € 15 pro Person

SUP Club Stade ➡ N17
Am Bahnhof, 21680 Stade
✆ (0151) 65 10 27 49
www.supclubs.de/stade
Verleih SUP, BBQ Donut, Kanu, Kajak. Zudem Kurse, Touren und Firmenevents.

Das archäologische Erbe von Haithabu:
Auf den Spuren der Wikinger

Einst lebten im hohen Norden Deutschlands die Wikinger. Nahe der heutigen Stadt Schleswig befanden sich vor rund 1000 Jahren Haithabu, eine der wichtigsten Handelssiedlungen der Wikinger, und das Grenzbauwerk Danewerk. Bereits um 1900 begannen erste Ausgrabungen und seit 2018 zählt der archäologische Komplex Haithabu und Danewerk zum UNESCO Welterbe.

Tipp: Nicht weit von Haithabu befindet sich die Museumsinsel Schloss Gottorf mit dem Museum für Archäologie und dem Museum für Kunst und Kulturgeschichte.

Originale Fundstücke der Ausgrabungen und nachgebaute Modelle sind im Wikinger Museum Haithabu ausgestellt. Mit seinen Exponaten zählt das Haus zu den bedeutendsten archäologischen Museen Deutsch-

REISEBLOG
Nordseeküste

Rekonstruierte Wikingersiedlung auf dem historischen Gelände

lands. Auf dem Freigelände sind sieben rekonstruierte Wikingerhäuser zu sehen.

Besonders idyllisch lässt sich die Geschichte der Wikinger bei einer Wanderung rund um das Haddebyer und das Selker Noor – heute ein Binnensee – entdecken. Der Rundweg ist etwa sechs Kilometer lang und wie geschaffen für einen spannenden Ausflug mit der ganzen Familie. Es geht immer am Wasser entlang durch eine abwechslungsreiche Landschaft mit Aussichtspunkten und kleinen Badebuchten, Strand- und Waldabschnitten, vorbei an Wiesen und Schafgehegen, Runensteinen und dem Wikingerdorf. Da ist für jeden etwas dabei! Inklusive des sehr empfehlenswerten Abstechers ins Wikinger Museum sind mindestens vier Stunden einzuplanen.

Für das leibliche Wohl nach einer Wanderung sorgt die Einkehr bei Odins Haddeby. Hier hat man sich ganz der regionalen Frischeküche verschrieben: Siegel wie Slow Food, Feinheimisch und Greentable belegen die Philosophie.

Wikinger Museum Haithabu ➡ D17
Am Haddebyer Noor 3, 24866 Busdorf
✆ (046 21) 81 31 22, https://haithabu.de
April–Okt. tägl. 9–17, Nov.–März tägl. außer Mo 10–16 Uhr, Wikingerhäuser auf dem Freigelände im Winter geschl.
Eintritt Museum und Häuser € 8/6, Kinder und Jugendliche € 3, Familienticket € 17, nur Freigelände € 3/2

Gut zu wissen: Das Museum ist überwiegend barrierefrei. Zwischen Museum und Freigelände liegen 20 Minuten Fußweg. Hunde sind nicht zugelassen.

Cuxhavens Küstenheide: Naturschutzgebiet am Meer

Insidertipp: Lust auf eine Übernachtung im Baumhaus? Möglich ist das auf dem Campingplatz Wernerwald ab € 129 pro Nacht (für bis zu 4 Personen).

Wer an der Nordsee nur Meer, Strand und Watt erwartet, der sollte unbedingt einmal nach Cuxhaven reisen, um sich eines Besseren belehren zu lassen. Hier befindet sich gleich hinter dem Deich, am Rande von Cuxhaven Sahlenburg, mit dem Wernerwald der einzige Küstenwald an der deutschen Nordsee und etwas weiter landeinwärts stößt man auf weite Heideflächen. Ein wenig abseits der gängigen Touristenpfade erstreckt sich eine malerische Landschaft: Die sogenannte Cuxhavener Küstenheide (Duhner Heide, Sahlenburger Heide, Spanger Heide, Altenwalder Heide und Holter Heide) ist das größte zusammenhängende Heidegebiet an der deutschen Nordseeküste. Als Naturschutzgebiet bietet sie über 200 gefährdeten Tier- und Pflanzenarten eine Heimat.

Wanderer begegnen hier nicht selten einem Schäfer samt Herde von Ziegen und Schnucken. Zudem kommen auch Heckrinder, Wisente und Koniks, eine robuste Pferderasse, die eng mit dem ausgestorbenen Wildpferd verwandt ist, bei der Landschaftspflege zum Ein-

Naturschutzgebiet Cuxhavener Küstenheide bei Altenwalde

REISEBLOG
Nordseeküste

satz. Das Besondere dabei ist, dass diese urwüchsigen Herden halbwild gehalten werden. Eine solch naturnahe Begegnung ist ein eindrückliches Erlebnis, dass sich auch auf dem Pferderücken machen lässt. Allerdings dürfen die Reitwege nur mit Vignette, gegen Gebühr bei der Tourist Information erhältlich, genutzt werden.

Die einzigartige Landschaft ist übrigens erst seit 2004 wieder öffentlich begehbar. Bis dahin diente sie als Truppenübungsgebiet der Bundeswehr – und schon die kaiserliche Marine nutzte die Heide im letzten Jahrhundert für ihre Manöver. Gerade diese Beschränkung hat dafür gesorgt, dass das heutige Naturparadies sich so wunderbar entfalten konnte.

Gut zu wissen: Bitte nur die befestigten oder gekennzeichneten Rad- und Wanderwege nutzen. Im Naturschutzgebiet gibt es keine Mülleimer. In der Brut- und Setzzeit zwischen April und Mitte Juli müssen Hunde an der Leine geführt werden, in den südlichen Heidegebieten immer.

Ausgangspunkte für Wanderungen ➡ L13
Wanderparkplatz Sahlenburger Waldweg 3 A und Parkplatz an der K7 (Holter Straße)
27476 Cuxhaven

Verkehrs- und Bürgerverein Oxstedt im Nordseeheilbad Cuxhaven e.V. ➡ L13
Westerbrook 1, 27478 Cuxhaven-Oxstedt
✆ (047 23) 35 70, www.touristik-cuxhaven.de

Lühesand:
Inselurlaub mal anders

Langeoog, Juist oder auch Sylt, diese (Nordsee)inseln kennt, zumindest dem Namen nach, wohl jeder. Ein echter Geheimtipp hingegen ist – etwas abseits der markanten Küstenlandschaft – die kleine Elbinsel Lühesand.

Die rund 124 Hektar große Flussinsel liegt im malerischen Alten Land, dem größten zusammenhängenden Obstanbaugebiet Deutschlands, das besonders zur Apfelblüte hinreißend ist. Rund 60 Hektar des Eilandes sind als Landschaftsschutzgebiet ausgewiesen.

Besucht werden kann Lühesand ausschließlich in den Sommermonaten. Die Überfahrt erfolgt mit einer kleinen Fähre ab dem Fähranleger Sandhörn. Fahrräder –

Insidertipp: Bei Ebbe gibt die Insel auf der Innenseite sogar einen kleinen Sandstrand frei.

oder gar Autos – sind auf dem Inselchen nicht erlaubt, Übernachtungsmöglichkeiten sind jedoch vorhanden: Es gibt einen großen Campingplatz und sogar einige Ferienhäuser. Für das leibliche Wohl sorgt das kleine, empfehlenswerte Gasthaus mitten auf der Insel.

Auf Lühesand geht es wunderbar gemütlich und langsam zu. Weit ab vom Alltag lädt dieser verträumte und ringsum von Wasser umgebene Ort zu entspannten Momenten ein. Darüber hinaus gilt die Insel als *der* Logenplatz für sagenhafte Sonnenuntergänge und Freunde großer Schiffe: Ob kleine Bötchen, Fischkutter, Container- oder Kreuzfahrt-Riesen – alle schippern sie hier vorbei.

Anfahrt zum Fähranleger Sandhörn
Bus 2357 Stade – Cranz: Gasthaus zur Linde Bachenbrock oder Wetterndorf Schleuse
Parkplatz am Anleger vorhanden, € 5 pro Tag/Nacht

Campingplatz und Fährbetrieb Lühesand ➡ östl. N 17
Sandhörn 6 A, 21720 Grünendeich
✆ (0178) 350 81 37, www.luehesand.de
Übernachtung Campingplatz: € 6/4 pro Person und Nacht, € 3 pro Zelt und Nacht
Überfahrt (hin und zurük) € 2,20/1,50 pro Person

Gasthaus Insel Lühesand ➡ östl. N 17
✆ (041 42) 880 04 41, www.luehesand.de/gasthaus

Thalassotherapie: Die heilenden Kräfte der Nordsee

Salzige Meeresluft, Möwenschreie, Meerwasser auf der Haut – schon die Vorstellung weckt Urlaubsgefühle und die Sehnsucht nach Entspannung. Im weiteren Sinne ist das schon eine Grundlage der Thalassotherapie.

Gut zu wissen: Die Inselsaison startet Ende März und endet Anfang Oktober.

Die Thalassotherapie ist eine sehr alte Heilmethode, die die Kraft des Meeres nutzt. Die Anwendungen werden mit Meerwasser, Algen, Schlick und Sand durchgeführt, denn in den gesunden »Zutaten« des Meeres sind Aminosäuren, Mineralstoffe, Proteine, Spurenelemente und Vitamine enthalten. Hinzu kommen natürlich das wohltuende Meeresklima und die Sonne.

Neben wellnessorientierten Angeboten spielt die Thalassotherapie auch im medizinischen Bereich eine Rolle. Sie verbessert das Wohlbefinden, lindert Beschwerden und aktiviert die Abwehrkräfte. Erfreulicherweise lässt sich eine Anwendung ganz einfach – und kostenfrei – in Eigenregie an der Nordsee realisieren. Bei Spaziergängen entlang der Küste und durch das Watt atmet man die gesunden Aerosole ein, ein Sprung in die Fluten der Nordsee sorgt für mehr Wohlgefühl und den Abbau von Stress.

Zu den häufigsten Anwendungsformen der Thalassotherapie zählen Bäder, sportliche Aktivitäten in der Brandungszone, Körperpackungen oder auch Spaziergänge und Wanderungen entlang der Klimazonen. Doch damit die Thalassotherapie ihre Wirkung umfassend entfalten kann, müssen einige Voraussetzungen gegeben sein: Die Behandlungen dürfen beispielsweise nur in unmittelbarer Nähe zum Meer, also unter direktem Einfluss des Meeresklimas, stattfinden und für die Anwendungen darf nur frisches, unbehandeltes Meerwasser verwendet werden.

Therapieform mit Geschichte: Therapeutisch kommen die Zutaten des Meeres seit der Mitte des 19. Jahrhunderts zum Einsatz.

Aryurveda-Massagen tun gut und lösen Verspannungen

Achtung: Die Thalassotherapie ist für viele Menschen geeignet – doch nicht für alle. Daher ist vor dem Antritt einer Thalasso-Kur ein ärztlicher Eingangscheck notwendig.

Einige Wellnesshotels, Regionen, Thermen und Spas an der Nordsee fördern diese Philosophie und sind mit einem offiziellen Thalasso-Siegel nach internationalen Qualitätskriterien zertifiziert. So lassen sich alle Küstenorte an der niedersächsischen Nordsee und auch die niedersächsischen Inseln im Wattenmeer regelmäßig vom Europäischen Prüfinstitut Wellness & Spa e.V. in der Kategorie Thalasso zertifizieren. In vielen Küstenregionen wurden Thalasso-Kurwege eingerichtet. Die Nutzung ist in der Regel kostenfrei.

Zu den zertifizierten Wellnesshotels im Verband Deutscher Thalasso-Zentren e.V. zählen an der Nordsee:

Badhotel Sternhagen ➡ L13
Cuxhavener Str. 86, 27476 Cuxhaven-Duhnen
✆ (047 21) 43 40, www.badhotel-sternhagen.de

Strandhotel Georgshöhe ➡ M4
Kaiserstr. 24, 26548 Norderney
✆ (049 32) 89 80, www.georgshoehe.de

Strandhotel Kurhaus Juist ➡ M3
Strandpromenade 1, 26571 Juist
✆ (049 35) 91 60, www.strandhotel-kurhaus-juist.com

A-Rosa Resort Sylt ➡ aA2
Listlandstraße 11, 25980 List auf Sylt
✆ (046 51) 96 75 00, www.a-rosa-resorts.de

Private Spa-Suite im A-Rosa Resort auf Sylt

Mehr Insidertipps zur Nordseeküste und anderen Destinationen finden Sie auf www.spaness.de

Wattenmeer bei Ebbe

Reiseregionen, Orte und Sehenswürdigkeiten

Niedersächsische Nordseeküste

Dieser Küstenabschnitt hat vieles zu bieten, aber eines, das hat er eben nicht: strahlend weiße Sandstrände. Sicher, hin und wieder lässt sich ein gar nicht mal so kleiner Abschnitt finden, aber kilometerlange Sandstrände mit lieblicher Dünenbepflanzung findet man hier nicht. Die gibt es auf den vorgelagerten Inseln.

Diese Küste hat andere, etwas subtilere Reize. Stille Winkel kann man hier entdecken, kleine malerische Dörfer und hübsche Sielhäfen, in denen die Krabbenfischer noch mit ihren Netzen hantieren.

Vor dem Deich breitet sich das Wattenmeer aus, das ein ganz eigenes Ökosystem darstellt. Baden geht, aber man muss schon den Tidenkalender kennen, denn wenn Ebbe herrscht, ist das Wasser weit weg. Immerhin kann man dann im schlickigen Watt herumstapfen, was auch eine Erfahrung wert ist.

Das Land hinterm Deich ist flach und weit kann der Blick wandern. Hier und da erhebt sich ein Leuchtturm, vereinzelt lockt eine Stadt im Hinterland mit kaum erwarteten Sehenswürdigkeiten, wie Emden beispielsweise. Sieben Inseln liegen vor der Küste und von sechs

Strandkorbpanorama in Norden

An der Kunsthalle in Emden

Orten pendeln Fähren hinüber. Im östlichen Bereich warten drei größere Städte auf neugierige Besucher: Wilhelmshaven, Bremerhaven und Cuxhaven. Schon der Namensbestandteil -haven sagt es: Jede Stadt pflegt ihr maritimes Erbe. Und ganz erstaunliche Museen bieten sie auch. Wer vermisst da noch einen Sandstrand?

Emden ➡ P4

Am Mündungsgebiet der Ems liegt die Stadt Emden, die zu den wirtschaftlich und kulturell bedeutendsten Städten Ostfrieslands zählt. Besonders kulturell interessierte Besucher finden hier in der vom ehemaligen »Stern«-Chefredakteur Henri Nannen initiierten ② **Kunsthalle** einen wahren Schatz. Über 200 Werke unterschiedlichster Stilrichtungen aus der Sammlung von Nannen und der Schenkung Otto van de Loos sind ausgestellt.

Etwas skurriler, aber nicht minder sehenswert ist **Dat Otto Huus**, in dem die außergewöhnliche Karriere des aus Emden stammenden Komikers Otto Waalkes dokumentiert ist. Vom Otto Huus zum Hafen am Ratsdelft sind es nur wenige Schritte. Dort liegen drei **Museumsschiffe:** der Seenotrettungskreuzer »Georg Breusing«, das Feuerschiff »Deutsche Bucht« (erbaut 1914–18) und der Heringssegellogger »AE 7 Stadt Emden« mit einem kleinen Heringsfischereimuseum.

Ein Museum der besonders komischen Art

DAT OTTO HUUS

Emden, Niedersachsen

Wenn Komiker Otto Waalkes der Urvater deutscher Comedians ist, dann ist Emden die Stätte des Urknalls: Dat Otto Huus ist Museum, Kino und Souvenirparadies von Emdens berühmtestem lebenden Bürger.

Dat Museum zeecht dat Lääve van dä Mann us Ostfriesland an d Nordsee – so heißt es auf friesischem Platt. Und in der Tat finden sich im Otto Huus alle wesentlichen Stationen der Karriere von Deutschlands Top-Komiker Otto Waalkes. Bereits von außen lässt sich erahnen, worum es im Inneren geht: Ein Riesen-Ottifant, eine der berühmten Erfindungen Otto Waalkes', lugt durch zerbrochene Backsteine des Museums und macht neugierig.

Dat Otto Huus in der Emdener Innenstadt widmet sich dem Leben und Schaffen des Komikers.

Auf zwei Etagen gewährt der Blödelbarde, wie er sich selbst gerne nennt, einen Einblick in sein Leben. Schaulustige stoßen dabei durchaus auf kuriose Exponate: So finden sich im Otto Huus ein vergilbtes Konfirmandenfoto, »Ottis erste Bartstoppeln« oder das angeblich erste Kaugummi des Komikers. In einem kleinen Kinosaal werden diverse Sketche von Otto gezeigt und Erinnerungen aufgefrischt an goldene Zeiten. Unvergesslich: Ottos Skatgymnastik mit »Mischen, Mischen, Mischen«, Otto als Robin Hood, der »Rächer der Entnervten«, oder Kult-Reporter Harry Hirsch. Außerdem werden zahlreiche Requisiten aus erfolgreichen Filmen gezeigt, wie z. B. das Zipfelmützchen aus der Schneewittchen-Parodie »7 Zwerge – Männer allein im Wald« von 2004.

Ausgestellt sind auch Auszeichnungen wie goldene Schallplatten, Platinscheiben und Bambis, denn Otto ist bis heute eine ernst zu nehmende Größe im deutschen Comedy-Business. Dat Otto Huus – nicht nur für Fans ein spannendes Erlebnis! Übrigens: Otto kann man ab und an noch in seiner Geburtsstadt Emden treffen – einmal Ostfriese, immer Ostfriese.

INFO: Emden liegt ca. 130 km nordwestlich von Bremen. **INFO DAT OTTO HUUS:** Große Str. 1, 26721 Emden, Tel. (049 21) 221 21, www.emden-touristik.de, Öffnungszeiten Jan.–März wechselnde Öffnungszeiten, April–Dez. Mo–Fr 9.30–18, Sa 9.30–14, April–Okt. auch So/Fei 10–16 Uhr, Eintritt € 2, Kinder € 1.

Auch die beiden anderen Schiffe dürfen besichtigt werden. Auf dem Feuerschiff können sich Paare sogar das Ja-Wort geben. Im **Alten Rathaus** direkt am Hafen präsentiert das **Ostfriesische Landesmuseum** ostfriesische Kulturgeschichte, u.a. mit einer umfangreichen Waffensammlung aus dem 16. und 17. Jahrhundert, der größten Rüstkammer Deutschlands.

Nur ein paar Schritte entfernt ist das **Bunkermuseum** in einem von immerhin 31 ehemals über Emden verstreuten Betonbauten untergebracht, in denen die Bevölkerung im Krieg Schutz suchte. Heute wird hier Emden in der Zeit des Nationalsozialismus kritisch beleuchtet.

Eine Parallelstraße weiter finden sich in der Pelzerstraße 12 Renaissancebürgerhäuser aus dem Jahr 1585.

Tourist Information ➡ P4
Bahnhofsplatz 11, 26703 Emden
✆ (049 21) 974 00, www.emden-touristik.de
Mo–Fr 9–17, Sa 10–13 Uhr

Bunkermuseum ➡ P4
Holzsägerstr. 6, Emden
✆ (049 21) 322 25, www.bunkermuseum.de
April–Okt. Do/Fr 10.30–12.30 und 13–16, Sa/So 13–16 Uhr, Eintritt € 5/2,50
Hier geht es um Emden zur Zeit des Nationalsozialismus.

Ostfriesisches Landesmuseum Emden

Am Ratsdelft in Emden

2 Kunsthalle ➡ P4

Hinter dem Rahmen 13, Emden
✆ (049 21) 97 50 00, www.kunsthalle-emden.de
Di–Fr 10–17, Sa/So 11–17, 1. Di im Monat bis 21 Uhr
Eintritt € 9/7, bis 15 J. frei
Auf 2000 m² Ausstellungsfläche sind über 200 Werke – überwiegend der klassischen Moderne – zu bewundern, außerdem gibt es regelmäßig Sonderschauen.

Dat Otto Huus ➡ P4

Große Str. 1, Emden
✆ (049 21) 221 21
www. emden-touristik.de, www.ottifant.de
April–Dez. Mo–Fr 9.30–18, Sa 9.30–14, April–Okt. auch So/Fei 10–16 Uhr, Jan.–März kürzer, Eintritt € 2/1
Otto Waalkes Karriere in Otto-typischer Art präsentiert.

Das Hafentor am Ratsdelft

Ostfriesisches Landesmuseum ➡ P4

Brückstr. 1, Emden
✆ (049 21) 87 20 58, www.landesmuseum-emden.de
Tägl. außer Mo 10–17 Uhr, Eintritt € 8/4
Das Museum zeigt die größte Rüstkammer Deutschlands und bietet vertiefende Einblicke in die Kunst- und Kulturgeschichte von Ostfriesland.

Hafen Ratsdelft ➡ P4

Emden
✆ (049 21) 974 00
Hafenrundfahrten mit dem MB »Ratsdelft« April–Okt. tägl. 11–16 Uhr stündl., € 10/5
An bestimmten Terminen Fahrten durch die Grachten, € 15/7,50
Infos über die Tourist Information.

Symbole vergangener Zeiten

MÜHLEN IM EMSLAND

Emsland, Niedersachsen

Mühlen erzählen Geschichte – und Geschichten! Und das Emsland hat viel zu erzählen. Hunderte von Mühlen prägten einst das Landschaftsbild, nicht wenige von ihnen sind noch heute vorhanden: mal als Blickfang auf Hügeln oder an Wasserläufen, mal versteckt in malerischen Winkeln. Alle aufzuzählen ist fast unmöglich. Hier aber einige bemerkenswerte Beispiele: Von ehemals sechs Windmühlen, die einst das Stadtgebiet Papenburgs prägten, ist die Bockwindmühle an der Wiek als einzige noch komplett erhalten. Gleich zwei Besonderheiten zeichnen das Gebäude aus: Sie ist die älteste Mühle des Emslands und die einzige dieses Bautyps, der mit seinem kompletten Mühlenkörper auf einem Untersatz – dem Bock – in den Wind gedreht wird. Die nur wenig entfernt stehende Meyers Mühle, ein dreistöckiger sogenannter Galerieholländer, verfügt über einen besonderen Clou: Ausgestattet mit einer Dampfanlage konnte der Müller auch bei Windstille Korn schroten und mahlen.

Die Bockwindmühle in Dornum.

Einen der Höhepunkte emsländischer Bautechnik bildet die Hüvener Mühle in der Samtgemeinde Sögel. Mit ihrer Kombination aus Wind- und Wasserkraft ist sie eine der seltenen erhaltenen Mühlen dieses Typs in Europa. Dabei wurde sie im 16. Jahrhundert zunächst als ganz normale Wassermühle gebaut. Nach einem Brand um das Jahr 1800 wurde beim Wiederaufbau ein für die Region einmaliges riegelloses Fachwerk im unteren Teil des Gebäudes errichtet.

In ihren Anfängen diente die Herrenmühle in Meppen – im Jahr 1732 durch Fürstbischof Clemens August an der Nordradde errichtet – als reine Getreidemühle. Das idyllisch gelegene Kleinod bildet heute ein stilvolles Ambiente für kulturelle Veranstaltungen des Heimatvereins Meppen. »Anno 1738 Den 24. Mai Ist Gekommen eine Floot. Wodurch Wir Litten Große Noth« – eine Inschrift an der Ostwand des Gebäudes erinnert heute an zahlreiche Überschwemmungen, die so manchen Mühlenpächter frustriert das Weite suchen ließen. Neben Enkings Mühle in Emsbüren ist die Autmaring'sche Mühle in Schapen die einzige emsländische Mühle, die aus Steinen errichtet wurde.

INFO: Emsland Touristik GmbH, Ordeniederung 2, 49716 Meppen, Tel. (059 31) 44 22 66, www.emsland.com. **INFO BOCKWINDMÜHLE PAPENBURG:** Wiek links, 26871 Papenburg, Tel. (049 61) 83 96-0. **INFO MEYERS MÜHLE:** Am Stadtpark 21, 26871 Papenburg, Tel. (049 61) 83 52 57. **INFO HÜVENER MÜHLE:** Hüvener Mühle 12, 49751 Hüven, Tel. (059 64) 95 97 00, www.huevener-muehle.de. **INFO HERRENMÜHLE MEPPEN:** An der Radde, 49716 Meppen, Tel. (059 31) 88 96 48. **INFO ENKINGS MÜHLE:** Mühlenstr. 36, 48488 Emsbüren, Tel. (059 03) 281, www.enking.de. **INFO AUTMARING'SCHE MÜHLE:** Zur Mühle 10, 48480 Schapen, Tel. (054 58) 15 79. Führungen durch die Mühlen jeweils nach Vereinbarung.

❸ Greetsiel ➡ O3

Greetsiel wird von vielen Besuchern als der malerischste Hafenort in Ostfriesland gepriesen. Stolze 600 Jahre zählt der **Hafen** bereits und er strahlt noch heute den Charme vergangener Zeiten aus mit seinen zwei Dutzend Kuttern, die hier vor einem Siel aus dem Jahre 1798 liegen.

Eine ganze Häuserzeile mit Gebäuden aus dem 17. Jahrhundert säumt das Hafenbecken. Teils aus rotem Backstein, teils mit geschwungenen Giebeln versehen, hat jedes seinen eigenen Charakter. Hier am Hafen befinden sich auch einige Lokale, meist mit einer Terrasse, auf der man angenehm unter Bäumen sitzt.

Eigentlich ist der ganze Ortskern ein Kleinod, durch das man staunend schlendern kann. Zahlreiche historische und gemütlich wirkende Häuser, die mit viel Liebe zum Detail gepflegt werden, sind in den engen Gassen zu entdecken.

Am Ortseingang stehen entlang der Zufahrtsstraße zwei **Windmühlen** fotogen am Kanal – die einzigen Zwillingsmühlen Ostfrieslands. Die grüne Mühle wurde im Herbst 2013 durch einen Orkan stark zerstört, sie wurde aber fachgerecht saniert. Die rote Mühle ist noch voll funktionsfähig, im Erdgeschoss befinden sich ein Mühlenladen und ein Café – die grüne hat eine Teestube.

Wahrzeichen der Region ist der etwas außerhalb gelegene **Pilsumer Leuchtturm**. Der elf Meter hohe,

Kutter in Greetsiel im Winter

Mit dem Rad am Pilsumer Leuchtturm

gelb-rote Turm wurde durch Otto Waalkes' Film »Otto – Der Außerfriesische« bekannt.

Tourist Information ➡ O3
Zur Hauener Hooge 11, 26736 Greetsiel
✆ (049 26) 918 80, www.greetsiel.de
In der Regel Mo–Fr 9–17, Sa/So/Fei 10–13.30 und 14–16.30 Uhr

Nationalpark-Haus Greetsiel ➡ O3
Schatthauser Weg 6 (Nähe Hafen), Greetsiel
✆ (049 26) 20 41
www.nationalparkhaus-wattenmeer.de
Osterferien–Okt. Mo–Fr 10–18, Sa/So 11–17 Uhr
Eintritt frei
Hier ist eine informative Dauerausstellungen zum Thema Nationalpark Wattenmeer zu sehen, außerdem werden Wanderungen ins Watt, in die Salzwiesen oder auf den Deich zur Vogelbeobachtung angeboten.

Schiffsfahrten ➡ O3
In der Saison starten in Greetsiel Fahrten zu den Ostfriesischen Inseln, zu den Seehundbänken und Kanalfahrten. Infos erhält man über die Tourist Information oder am Hafen.

Das Highlight des Waloseums in Norddeich ist das präparierte Skelett eines 15 Meter langen Pottwals

Norddeich ➡ N4

Norddeich ist einer der beliebtesten Ferienorte an der ostfriesischen Nordseeküste. Der große Hafen wurde schon vor etwa 100 Jahren errichtet. Der Osthafen dagegen ist die Heimat einer Krabbenkutterflotte. Meist sind sie unterwegs auf dem Meer, aber am Sonntag liegen sie hübsch vertäut am Kai. Im Westhafen dümpeln die Segelboote und direkt dahinter schließt sich der Strand an. Und falls mal wieder Ebbe herrscht, kann man gleich nebenan im **Meerwasser-Freibad** schwimmen.

Örtliche Sehenswürdigkeit ist die **Seehundstation im Nationalpark-Haus**. Hier werden Heuler, junge Seehunde, die getrennt vom Muttertier im Watt aufgefunden wurden, aufgepäppelt. Besucher können die possierlichen Tiere durch eine Trennscheibe in mehreren Becken herumplanschen sehen. Außerdem erfährt der Besucher viel über das Wattenmeer und seine Bewohner.

Die Seehundstation betreibt auch das **Waloseum**. Neben dem Originalskelett eines 2003 gestrandeten Wals werden viele Informationen über die riesigen Meeressäuger gegeben.

Sollte es tatsächlich einmal Schietwetter geben, dann gilt: ab ins **Erlebnisbad Ocean-Wave,** u.a. mit spektakulärem Wellenbecken und 101 Meter langer Rutsche.

Autofans sollten sich das **Automobil- und Spielzeugmuseum** mit 150 Autos und Motorrädern in Norddeich nicht entgehen lassen.

Tourist Information ➡ N4
Dörper Weg 22, 26506 Norden-Norddeich
✆ (049 31) 98 62 00, www.norddeich.de
Mo–Fr 9–17, Sa 10–15.30 Uhr

Automobil- und Spielzeugmuseum Nordsee ➡ N4
Ostermarscher Str. 29, Norden-Norddeich
✆ (049 31) 918 79 11, www.automuseum-nordsee.de
April–Okt. tägl., sonst nur Sa/So 11–18 Uhr
Eintritt € 7,50/4
Autos, Motorräder, alte Reklame und Spielzeug aus dem letzten Jahrhundert werden gezeigt.

Waloseum ➡ N4
Osterlooger Weg 3, Norddeich
✆ (049 31) 97 33 30
Tägl. 9–17 Uhr
Eintritt € 10/6, mit Seehundstation € 17/10
Die multimediale Ausstellung entführt die Besucher in das Reich der Wale und Delfine.

Seehundstation ➡ N4
Dörper Weg 24, Norden-Norddeich
✆ (049 31) 97 33 30, www.seehundstation-norddeich.de
Tägl. 9–17 Uhr, Eintritt € 10/6, mit Waloseum € 17/10
Hier werden jährlich 30 bis 80 verwaiste Seehunde und Kegelrobben aufgezogen.

Wattwanderung vor Norddeich

Heuler und Retter

Seehundstation und Nationalpark-Haus

Norden-Norddeich, Niedersachsen

Lautstarke Sportboote, die zu schnell und zu nah an die Seehundbänke heranfahren, nicht geführte Wattwanderungen und besorgte Tierfreunde, die voreilig einschreiten und vermeintlich mutterlose Tiere von den Sandbänken »retten«: Das sind die größten Feinde junger Seehunde. Denn getrennt von ihrer Mutter können die Seehundbabys, wegen ihrer klagenden Rufe »Heuler« genannt, nicht überleben. Die Mama gibt nach einigen Stunden die Suche nach ihrem Jungen auf. Sie kennt die Gezeiten und die Aussichtslosigkeit, das Kleine im derart bewegten Meer zu finden.

Die Seehund- und Forschungsstation Nationalpark-Haus in der ostfriesischen Stadt Norden ist die einzig anerkannte Betreuungsstation für Meeressäuger in Deutschland. Zwischen 30 und 80 verwaiste Seehunde, aber auch Kegelrobben werden jährlich aufgezogen und wieder in die Nordsee zurückgebracht. Die Station ist zuständig für das gesamte niedersächsische Wattenmeer, das als Biosphärenreservat besonderen Schutz genießt. Über 50 ehrenamtliche Mitarbeiter – zumeist Wattenjagdaufseher – unterstützen die Arbeit aufopferungsvoll.

Heuler in der Seehundaufzuchtstation von Norden.

Die Seehundstation liegt in dem 1986 eingerichteten Nationalpark Niedersächsisches Wattenmeer. Auf einer Fläche von circa 2800 Quadratkilometern soll die Natur möglichst wenig vom Menschen beeinflusst und sich selbst überlassen werden. Das Wattenmeer an der deutschen Nordseeküste ist ein weltweit einzigartiges Ökosystem.

Nicht nur die Seehunde leben hier, das Gebiet ist auch Brut- und Mausergebiet zahlreicher Wasservögel, Heimat seltener Pflanzen und Winterquartier für nordische Wildgänse. Das Nationalpark-Haus Norddeich, direkt gegenüber der Seehundstation untergebracht, zeigt interessante Ausstellungen und Vorträge über das Wattenmeer und seine Bewohner. Zudem werden geführte Wanderungen und Exkursionen ins Landschaftsschutzgebiet angeboten. Wenige Kilometer entfernt liegt das 2006 eröffnete Waloseum, in dem man sich über die gewaltigen Meeressäugetiere informieren kann.

Info: Norden ist eine ostfriesische Stadt im Nordwesten von Niedersachsen. **Info Seehundstation Nationalpark-Haus:** Dörper Weg 24, 26506 Norden, Tel. (049 31) 97 33 30, www.seehundstation-norddeich.de, Öffnungszeiten tägl. 9–17 Uhr, Eintritt € 10, ermäßigt € 6, Kombiticket mit Waloseum € 17/10. **Info Waloseum:** Osterlooger Weg 3, Norden-Osterloog, Tel. (049 31) 97 33 30, www.seehundstation-norddeich.de, Öffnungszeiten tägl. 9–17 Uhr, Eintritt € 10, ermäßigt € 6, Kombiticket mit Seehundstation € 17/10.

In der Innenstadt von Norden

Norden ➡ N4

In die älteste Stadt Ostfrieslands (25 000 Einwohner zusammen mit Norddeich) führt beinahe übergangslos eine Verbindungsstraße von Norddeich. Über dem aus dem Jahr 1531 stammenden **Alten Rathaus** liest der Besucher die Inschrift »Theelacht to Norden«. Dies bezeichnet eine über 1000 Jahre alte bäuerliche Gemeinschaft, die hier noch ihren Versammlungssaal hat.

In demselben Gebäude befindet sich auch das **Ostfriesische Teemuseum**. Es zeigt internationale Teekultur sowie Beispiele aus Handwerk, Handel und Wohnsituation des 18. und 19. Jahrhunderts. Gleich nebenan ist in einem Haus von etwa 1540 ein weiteres **Tee-Museum** untergebracht. Am großen Marktplatz steht mit der **Ludgerikirche** die größte Kirche Ostfrieslands. Besonders bemerkenswert sind die Arp-Schnitger-Orgel und das prächtige Grabmal des Ostfriesenhäuptlings Unico Manninga. Der Glockenturm der Kirche spielt viermal am Tag (9, 12, 15, 18 Uhr) ein Lied, zu jeder Uhrzeit ein anderes. Das **Schöningsche Haus** in der Osterstraße 5 entstand 1576 und zählt zu den schönsten Renaissancebauten überhaupt.

Drei restaurierte Windmühlen beherbergen Ausstellungen in Norden. Die **Deichmühle** (Bahnhofstr. 1) zeigt die Mühlengeschichte, in der **Frisiamühle** (In der Gnurre 40) geht es um das Bäckerhandwerk und die **Westgaster Mühle** (Alleestr. 65) erklärt das Handwerk der Müllerei.

Tourist Information ➡ N4
Dörper Weg 22, 26506 Norden-Norddeich
✆ (049 31) 98 62 00, www.norddeich.de

Ostfriesisches Teemuseum ➡ N4
Am Markt 36, Norden
✆ (049 31) 121 00, www.teemuseum.de
April–Okt. tägl. 10–17, März Di–So 10–17, Nov–Feb. Mi, Sa 11–16 Uhr, Eintritt € 6/2 (6–16 J.)
Im ersten ostfriesischen Teemuseum erfährt man viel über die Pflanze und die Traditionen des Teetrinkens. In einer stadtgeschichtlichen Ausstellung geht es um die Norder Historie und traditionelles Handwerk rund um den Tee.

TeeMuseum ➡ N4
Am Markt 33, Norden
✆ (049 31) 138 00
www.teemuseum-norden.de
Wegen Renovierung geschl.
Hier wird die internationale Kulturgeschichte des Tees dokumentiert.

Café ten Cate ➡ N4
Osterstr. 153, Norden
✆ (049 31) 24 20
Mo–Sa 8–18, So 9–18 Uhr

Herbst in Norden an der Ludgerikirche

Teekultur gleich hinterm Deich

Ostfriesisches Teemuseum

Norden, Niedersachsen

Im Mittelalter tranken die Ostfriesen Bier. Doch durch den niederländischen Seehandel gelangte der Tee ins Land zwischen Ems und Weser – und erfreut sich dort seitdem einer ganz ungewöhnlichen Beliebtheit: Nirgendwo auf der Welt liegt der Pro-Kopf-Verbrauch höher, nirgendwo wird die Teestunde so sehr nach althergebrachtem Ritual und doch ganz entspannt zelebriert.

Grund genug, dem Lieblingsgetränk der Küstenbewohner ein eigenes Museum zu widmen: Im Alten Rathaus von Norden erfährt der Besucher alles über Tee und über die ostfriesische Kunst, ihn zu genießen.

Die 2014 völlig überarbeitete und neu gestaltete Dauerausstellung informiert über Anbau, Verschiffung und Verarbeitung des Tees, über die Herstellung der berühmten Ostfriesenmischung und natürlich über die ostfriesische Teekultur, die inzwischen zum immateriellen UNESCO-Welterbe erhoben wurde. Dabei kommt es neben der richtigen Verwendung von Tee, Kandis (»Kluntje«) und einem »Wölkchen« Sahne (»Wulkje«) auch auf das Teegeschirr an: Stilecht ist es nur in »Dresmer Blau«, einem Blau-auf-Weiß-Dekor aus filigranen Strohblumen, oder mit der traditionellen »Friesischen Rose«.

Mehrmals in der Woche wird im »Rummel«, dem Festsaal des Alten Rathauses, eine klassische Ostfriesische Teezeremonie abgehalten, in deren Verlauf man viel über die Geschichte des Teetrinkens im Land hinter dem Deich erfährt.

Ebenfalls zur Dauerausstellung gehören die Werkstätten eines Zinngießers, eines Gold- und Silberschmieds, eines Stövchenmachers und eines Porzellanmalers. Doch der Blick der Ausstellung reicht über den ostfriesischen Teller- bzw. Teetassenrand hinaus – und zwar nicht nur, was die Produktion etwa in typischen Teeanbaugebieten wie China oder Sri Lanka angeht. Auch Eigenheiten von Teekultur aus aller Welt, wie die japanische Teezeremonie oder den marokkanischen Teegenuss, lernen die Besucher kennen.

Willkommen in der Welt der ostfriesischen Teekultur im Ostfriesischen Teemuseum in Norden.

Sonderausstellungen, Workshops und ein spezielles Programm für Kinder runden das Angebot ab.

Info: Norden ist eine ostfriesische Stadt im Nordwesten von Niedersachsen. **Info Ostfriesisches Teemuseum:** Am Markt 36, 26506 Norden, Tel. (049 31) 121 00, www.teemuseum.de, Öffnungszeiten April–Okt. tägl. 10–17, März Di–So 10–17, Nov–Feb. Mi, Sa 11–16 Uhr, Eintritt € 6, ermäßigt € 4, Kinder € 2.

Mühle in Großheide

Ein Traditionsbetrieb mit über 130-jähriger Erfahrung. Köstlich sind unter anderem: Sanddorngebäck, Ostfriesentorte und ostfriesischer Rosinenstuten. €

Großheide ➡ N5
Die kleine Gemeinde im Herzen Ostfrieslands liegt in zweiter Reihe zur Nordsee. Aufgrund ihrer Lage ist Großheide in der Urlaubszeit nicht überfüllt, die Unterkünfte sind deutlich günstiger als an der Küste. Im Süden grenzt das Naturschutzgebiet »Berumerfehner Moor« an, in dem sich Deutschlands größter Hochmoorsee »Ewiges Meer« befindet. Im Norden begeistert Großheide mit dem Landschaftsschutzgebiet Arler bzw. Westerender Hammrich.

Tourist Information ➡ N5
Schloßstr. 10, 26532 Großheide
✆ (049 36) 317 93 20
www.grossheide.info

Neßmersiel ➡ M5
Der kleine, gemütliche Ort hat einen 25 000 Quadratmeter großen Sandstrand unweit des Fährhafens. Vom Hafen schippert die Fähre rüber zur autofreien Insel Baltrum.

Ostfrieslands erster Palmenstrand in der Kieselbucht in Großheide

Der Ort selbst bietet im »Sturmfrei« (Störtebekerstr. 18, ✆ 049 33-87 99 80, www.dornum.de) einen sehr großen Indoor-Spielpark für Kinder mit zwei Hallen. Daneben gibt es eine Wellness-Oase mit Sauna, Massagen und Solarium. Außerdem werden fast täglich Wattwanderungen bis zu den Inseln Baltrum und Norderney angeboten.

Der kleine Ort hat ein Herz für Hunde. Es gibt eine Reihe von Ferienwohnungen speziell für Gäste mit Hunden und auch einen kleinen Hundestrand sowie eine angrenzende Freilauffläche.

ℹ Tourist Information ➡ N5
Vgl. Dornum, S. 53.

Dornum ➡ N5
Das Städtchen liegt ein paar Kilometer landeinwärts, lohnt aber allemal einen Besuch. Dornums Kern besteht aus ziemlich engen Gassen mit teilweise sehr hübschen Häusern. Der Ort blickt auf eine lange Historie zurück. Um 1375 wurde von Häuptling Hero Attena die **Beningaburg** gegründet. Heute ist hier ein Restaurant untergebracht.

St.-Bartholomäus-Kirche zu Dornum

Beningaburg in Dornum

Nicht weit entfernt befindet sich die vielleicht ungewöhnlichste Realschule Deutschlands – in einem schönen barocken **Wasserschloss** aus dem Jahr 1698. Bereits im 14. Jahrhundert stand an selber Stelle die ehemalige Norderburg, Sitz der »Herrlichkeit von Dornum«. Nach der Zerstörung im 17. Jahrhundert wurde sie im barocken Stil wieder aufgebaut. Ein Wassergraben umgibt die Anlage und die Besucher betreten den Innenhof über eine Brücke und durch ein Torhaus mit Glockenturm.

Die sehenswerte **St.-Bartholomäus-Kirche** mit einer prächtigen Innenausstattung stammt aus dem 13. Jahrhundert. Zu bewundern ist hier auch die größte noch erhaltene Orgel des ostfriesischen Orgelbauers Gerhard von Holy aus dem Jahr 1711. In der Kirche sind zudem elf ostfriesische Häuptlinge bestattet.

Etwas außerhalb des Zentrums steht Ostfrieslands einzige erhaltene **Bockwindmühle** aus dem Jahre 1626.

In der Saison fährt sonntags eine historische Museumsbahn entlang der Küste bis nach Norden (www.mkoev.de).

Tourist Information ➡ N5
Hafenstr. 3, 26553 Dornum
✆ (049 33) 911 10
www.dornum.de
Mo–Fr 9–17, Sa/So 10–13 und 14–17 Uhr, außerhalb der Saison eingeschränkte Zeiten

Historische Instrumente in einem rauen Landstrich

Orgellandschaft Ostfriesland

Ostfriesland, Niedersachsen

Reich und fromm waren sie, die Marschbauern zwischen Emden und Aurich. Die Ausstattung ihrer Gotteshäuser gingen ihnen über alles – besonders im Hinblick auf die Musik. Schon im 15. Jahrhundert ließen sie teure Orgeln in kleinste Dorfkirchen einbauen. Viele dieser Instrumente sind noch heute erhalten, sodass Ostfriesland mit über 90 historischen Orgeln zu den wichtigsten Orgellandschaften der Welt gehört.

Vor allem in der Krummhörn, dem Landstrich westlich von Emden, finden sich bis heute uralte Kirchenorgeln von zum Teil internationalem Rang. Das Dörfchen Rysum kann mit einer der ältesten noch erhaltenen Orgeln weltweit aufwarten. 1457 wurde sie von einem Baumeister im niederländischen Groningen angefertigt.

Die Rysumer zahlten in Naturalien und lieferten fette Rinder ins Nachbarland. Der Orgelprospekt mit seinen Spitz- und Schweifbögen, seinem Maßwerk und seinen Fialen nimmt deutlich Bezug auf die spätgotische Altarbaukunst seiner Zeit. Prächtige Orgeln aus der Renaissance finden sich in Osteel bei Marienhafe und in Westerhusen in der Krummhörn.

Die Orgel der Ludgerikirche in Norden ist die größte in Ostfriesland. Erbaut wurde sie 1692 von niemand Geringerem als dem Hamburger Arp Schnitger, einem der wichtigsten Orgelbaumeister des Barock. Werke von ihm finden sich in ganz Norddeutschland, in den Niederlanden und sogar in Portugal. Einen weiteren Höhepunkt der Instrumentenbaukunst bildet die 1766 vollendete Orgel der Großen Kirche in Leer mit ihren filigranen Schnitzereien. Einige der Pfeifen stammen aus dem 16. Jahrhundert.

Zu den Orgeln in Ostfriesland werden spezielle Exkursionen angeboten. Auch finden regelmäßig Konzerte statt, vor allem während des Krummhörner Orgelfrühlings und während des Festivals »Musikalischer Sommer in Ostfriesland«.

Die Orgel von Heinrich Wilhelm Eckmann in der Amdorfer Kirche (Gemeinde Detern).

Info: Ostfriesland liegt ca. 150 km nordwestlich von Bremen. **Info Ostfriesland:** Ostfriesland Tourismus, Ledastr. 10, 26789 Leer, Tel. (04 91) 91 96 96 70, www.ostfriesland.de. **Info Krummhörner Orgelfrühling:** www.krummhoerner-orgelfruehling.de, Mai/Juni. **Info Musikalischer Sommer in Ostfriesland:** www.musikalischersommer.com, Juni–Aug. **Reisezeit:** Mai–Aug.

Am Strand von Dornumersiel

Dornumersiel ➜ M6
Immerhin 60 000 Quadratmeter Sandstrand hat der kleine Ort zu bieten, dessen Hafen zu den ältesten dieser Küste zählt und noch heute recht geschäftig ist. Einige Fischer pulen nach getaner Arbeit noch immer an ihren Netzen, andere bieten Tagesfahrten zu den Seehundbänken an. Mittelpunkt des Ortes ist der Speichersee »Mahlbusen«. Dort befinden sich das **Nationalpark-Haus**, das Wattenmeer-Informationszentrum, und gleich nebenan das **Zwei-Siele-Museum**. Dieses widmet sich der »Kulturgeschichte der Schifffahrt und Fischerei in den Sielhäfen Ostfrieslands«.

Tourist Information ➜ N5
Vgl. Dornum, S. 53.

Nationalpark-Haus ➜ M6
Oll Deep 7, Dornumersiel
✆ (049 33) 15 65
April–Okt. Di–Fr 9–17, Sa/So 13–17 Uhr, im Winter auf Anfrage, Eintritt frei
Erlebnisausstellung zum Naturraum Wattenmeer.

Zwei-Siele-Museum ➜ M6
Ostfreesenstraat, Dornumersiel
✆ (049 33) 918 10, www.zwei-siele-museum.de
Tägl. außer Mo 14–17 Uhr, Eintritt € 3,50, bis 16 J. frei
Ausstellung zur Geschichte der Küstenregion.

Schiffsfahrten ➜ M6
✆ (049 75) 80 41, www.ms-freia.de
www.baltrum-linie.de

Die MS »Freia« fährt zu den Seehundbänken, macht eine Ostfriesische Kreuzfahrt und geht auf Angelfahrt, während die Baltrum-Linie den Fährverkehr nur zu dieser Insel abwickelt.

Bensersiel ➡ M6

Bensersiel ist zwar ein kleiner Ort, wartet aber mit einem beachtlichen touristischen Angebot auf. Vom Hafen legen die Fähren nach Langeoog ab. Da dort keine Autos erlaubt sind, machen sich am Fährhafen riesige Parkflächen breit.

Gegenüber der Hafenmole liegen ein recht großer **Sandstrand**, ein weitläufiger Campingplatz und ein Wellenfreibad nebst Sportthemenpark. Auch der Indoor-Spielplatz »Bennis Abenteuerland« ist hier zu finden. Sollte es mal regnen, kann man in dem **Erlebnisbad Nordseetherme** subtropisches Badevergnügen genießen. Das **Wattenhuus** neben dem Kurpark informiert über das Leben im und auf dem Wattboden.

ℹ Tourist Information ➡ M6
Am Strand 8, 26427 Bensersiel
✆ (049 71) 91 70, www.bensersiel.de
Saison Mo–Fr 9–17, Sa/So 10–15 Uhr

Bensersieler Hafenbrücke bei Sonnenuntergang

Schlafstrandkorb in Bensersiel

Fähre nach Langeoog ➡ M6
Fahrkartenausgabe Bensersiel
✆ (049 71) 928 90, www.langeoog.de
Je nach Saison sechs- bis neunmal tägl.
Hin- und Rückfahrt € 30/18 (6–15 J.)

Esens ➡ N6
In dem kleinen Ort, der nur wenige Kilometer von Bensersiel im Hinterland liegt, laden die Fußgängerzonen im Bereich der Kirche und des Marktplatzes zum Spazierengehen ein. Die **St.-Magnus-Kirche** ragt hoch auf (54 m, 113 Stufen), zeigt sich im Innern jedoch zurückhaltend schlicht. Hier steht auch der Sandsteinsarkophag des 1472 verstorbenen Ostfriesenhäuptlings Siebert Attena, des ersten Häuptlings des Harlingerlandes. Die Kirche beherbergt auch ein kleines Turmmuseum.

Einmal ums Eck vom Markt befindet sich das kleine Bernsteinhuus mit interessanter Ausstellung zum Bernstein. Am Marktplatz steht das historische **Rathaus** und ein klein wenig außerhalb die **Peldemühle** mit einer heimatkundlichen Ausstellung.

In Esens können sich die kleinen Besucher im **»Klabautermann«** austoben, einem Indoor-Spielpark von 2000 Quadratmetern Größe im Gewerbegebiet Ost in

Kachelofen und ostfriesische Fliesen im Museum Leben am Meer in Esens

der Sattlerstraße (✆ 049 71-92 75 71, www.klabautermann-spielpark.de).

Tourist Information ➡ N6
Goldenort 2, 26427 Esens
✆ (049 71) 91 70, www.bensersiel.de
Mo–Fr 9.30–12.30 und 13.30–18, Sa 9.30–13 Uhr

Bernsteinhuus ➡ N6
Herderstr. 10, Esens
Mitte März–Okt. Mo–Fr 10–17, Sa 10–13 Uhr
Eintritt € 3,50/2,50
Ausstellung zum Bernstein.

Museum Leben am Meer ➡ N6
Bensersieler Str. 1 (in der Peldemühle), Esens
✆ (049 71) 52 32, www.leben-am-meer.de
Mitte März–Okt. tägl. außer Mo 10–17 Uhr
Eintritt € 4/1,50
Hier wird die Stadt- und Siedlungsgeschichte der Region gezeigt.

Turmmuseum ➡ N6
An der St.-Magnus-Kirche, Esens
April–Ende Okt. Di/Do 15–17, So 11–12 Uhr, Eintritt frei
Hauptsächlich Exponate zur Kirchengeschichte.

Neuharlingersiel ➡ M7
Zwei Fischer stehen entspannt als Skulpturen am **Hafen.** Der ältere von beiden betrachtet die Krabbenkutter, die hier noch ständig festmachen, der jüngere blickt voller Erwartung auf die Spaziergänger. Wahrlich eine Statue mit Symbolcharakter: Seit 300 Jahren existiert das Fischerdorf bereits und trotz aller Umwälzungen durch den stark gewachsenen Tourismus bleibt die Fischerei lebendig.

So richtig malerisch dümpeln die Schiffe am Kai und nach erfolgreicher Fangfahrt werden die Krabben auch schon mal direkt vom Kutter verkauft. Insgesamt 14 Schiffe haben ihren festen Platz, kleine Täfelchen am Hafenbecken erklären technische Details. Der Hafen aus dem Jahr 1693 ist das Herzstück des kleinen Ortes, aber auch der Fähranleger nach Spiekeroog spielt eine wichtige wirtschaftliche Rolle.

Der gar nicht mal so kleine **Strand** dürfte für den touristischen Aufschwung verantwortlich sein. Und wenn mal kein Strandwetter ist, dann geht man im Meerwasser-Hallenbad mit 30 Grad warmem Nordseewasser baden.

Unweit der Kurverwaltung hat sich ein kleines **Buddelschiffmuseum** etabliert. Hier sind viele kleine Kunstwerke zu bestaunen. Etwas zurückversetzt steht in einem kleinen Park der **Sielhof**, ein barockes Landhaus, in dem heute kulturelle Veranstaltungen ebenso wie ein wöchentliches Teeseminar (Di 11 Uhr) stattfinden.

Kurverein ➡ M7
Edo-Edzards-Str. 1, 26427 Neuharlingersiel
✆ (049 74) 188 12, www.neuharlingersiel.de
Mo–Fr 8–18, Sa/So 10–15, Nov.–März Mo–Fr 9–17 Uhr

Buddelschiffmuseum ➡ M7
Am Hafen West 7, Neuharlingersiel
✆ (049 74) 224, www.buddelschiffmuseum.de
Mitte März–Ende Okt. tägl. 10–13 und 13.30–17 Uhr
Eintritt € 2/1

Fischerstatuen in Neuharlingersiel bei der Regatta der Krabbenkutter

Gezeigt werden etwa 100 Buddelschiffe in bis zu 60 Liter großen Flaschen.

Fähre Spiekeroog ➡ M7
✆ (049 74) 214, www.spiekeroog.de
Die Fähre verkehrt ein- bis viermal täglich.

Kutterfahrten ➡ M7
In der Saison finden fast täglich Kutterfahrten vom Hafen aus statt. Es gibt Touren zu den Seehundbänken und Angeltouren. Infos beim Kurverein.

Carolinensiel-Harlesiel ➡ M7/8
Der Ort hat eine an der Nordseeküste einmalige Besonderheit zu bieten: drei hintereinanderliegende **Häfen.** Der älteste, mitten in Carolinensiel, stammt aus den Jahren 1729/30. Um 1850 fanden hier jährlich rund 1500 Schiffsbewegungen statt, heute wird er als Museumshafen genutzt. Plattbodenschiffe wurden hier be- und entladen und befuhren die gesamte Küste. Aus dem ehemaligen Fischerhafen **Friedrichschleuse** von 1765 wurde der heutige Jachthafen. Der dritte Hafen, **Harlesiel**, entstand zwischen 1953 und 1956. Von hier legen nicht nur die Fähren nach Wangerooge ab, auch Fischkutter dümpeln im Hafenbecken.

Der älteste Hafen wird noch heute von einigen malerischen Häusern hinterm Deich umrahmt, in denen Lokale und Läden untergebracht sind. Hier befindet sich auch das **Sielhafenmuseum,** das die wechselvolle

Einzigartig an der Nordseeküste: Carolinensiel-Harlesiel mit seinen drei Häfen

Beim Hafenfest Wattensail in Carolinensiel-Harlesiel

Geschichte der Häfen in vier Gebäuden darstellt: im Groot Hus das Thema »Land und See«, im Kapitänshaus das »Leben an Land«, das »Rettungswesen« im ehemaligen Rettungsschuppen und in der Alten Pastorei »Schiffbau und Handwerk«.

Die Mitmach-Ausstellung **Phänomania Carolinensiel** widmet sich den menschlichen Sinnen und physikalischen Phänomenen.

Ein Museumsweg mit 18 Stationen und weiteren 19 Thementafeln führt vom Museumshafen entlang der Harle bis zum Strand in Harlesiel. Unweit der Tourist Information befindet sich die **Cliner Quelle**, ein Spaß- und Kurzentrum mit Saunalandschaft, Sole-Heilbad und langer Außenrutsche.

Tourist Information ➡ M8
Nordseestr. 1 (im Kurzentrum Cliner Quelle)
26409 Carolinensiel-Harlesiel
✆ (044 64) 94 93-0, www.carolinensiel.de

Deutsches Sielhafenmuseum ➡ M8
Am Hafen, Wittmund-Carolinensiel
✆ (044 64) 86 93-0, www.dshm.de
2021 wegen Renovierung nur Nationalpark-Haus in der Alten Pastorei geöffnet, zudem Outdoor-Programme
Zum Museum gehören neben dem Museumshafen mit historischen Schiffen und originalgetreuen Nachbau-

Raddampfer »Concordia II« im Hafen von Carolinensiel

ten auch vier historische Häuser: das **Groot Hus**, ein Lager- und Verwaltungshaus von 1840, ein ehemaliges **Kapitänshaus**, die **Alte Pastorei** sowie eine **historische Seenotrettungsstation**.

Phänomania Carolinensiel ➡ M8
Bahnhof Carolinensiel 3, Wangerland
✆ (044 64) 94 24 94
www.phaenomania-carolinensiel.de
Mitte März–Okt. tägl. 10–18 Uhr, Eintritt € 9,50/7,50
Spannende Mitmach-Ausstellung im historischen Bahnhof.

Reederei Albrecht ➡ M8
Friedrichsschleuse 3 A, Carolinensiel
✆ (044 64) 942 97 41, www.reederei-albrecht.de
Tägliche Fahrten mit dem Raddampfer »Concordia II« zwischen Museumshafen und Harlesiel. Die Reederei bietet auch Touren auf einem Krabbenkutter an, ebenso spezielle Touren zu den Seehundbänken.

Jever ➡ N8
Die Kreisstadt mit ihren 14 000 Einwohnern hat ihre internationale Bekanntheit dem gleichnamigen Bier zu verdanken. Die 1848 gegründete Privatbrauerei ist mittlerweile ein weltbekanntes Unternehmen. Neben dem friesischen Brauhaus lohnen aber auch die historische Altstadt mit ihren wunderschönen Gassen, ein Schloss mit Schlosspark und die örtliche Blaudruckerei. Die Technik des Blaudrucks wurde 2017 in

Schloss und Blaudruckerei in Jever

die UNESCO-Liste des Immateriellen Kulturerbes aufgenommen.

Tourist Information ➡ N8
Alter Markt 18, 26441 Jever
✆ (044 61) 93 92 61, www.stadt-jever.de

Horumersiel-Schillig ➡ M9
Der Ort liegt an der offenen See im Norden und am Jadebusen im Osten. Im der Nordsee zugewandten Ortsteil Schillig gibt es einen **Sandstrand.** Insgesamt verfügt die Gemeinde über sechs Kilometer Strand, zum Teil jedoch Rasenstrand am Deich. Trotz allem zieht die Nordseenähe alljährlich viele Urlauber an, der kleine Ort zählt zu den größten touristischen Zentren an der niedersächsischen Küste.

Das hat Tradition: Bereits vor etwa 150 Jahren siedelten sich hier Bewohner der Insel Wangerooge an und etablierten einen Kurbetrieb. Aus diesen bescheidenen Anfängen hat sich das ehemalige Fischerdorf zu einem lebhaften Ferienort entwickelt mit einem großen **Campingplatz** und der **Friesland Therme**, einem modernen Freizeitbad als kombiniertes Frei- und Hallenbad.

Jachthafen in Horumersiel

Tourist Information ➡ M9
Zum Hafen 3, 26434 Horumersiel-Schillig
✆ (044 26) 987-0, www.wangerland.de
Mo–Fr 8.30–17, März–Okt. auch Sa 10–15, So 10–12 Uhr

Am Hafen von Hooksiel

Hooksiel ➡ N9
Hooksiel liegt nicht direkt an der Nordsee, sondern nicht weit davon an der Jade. Wenige Orte an dieser Küste sind älter: Bereits 1546 entstand eine erste Siedlung beim Bau eines offenen Siels und Hafens. In den 1970er Jahren fand eine großangelegte Eindeichungsmaßnahme statt, die den Hafen von einem direkten Zugang zum Meer abschnitt; hier entstand ein neuer, größerer Außenhafen und dabei ein 70 Hektar großer Binnensee, **Hooksmeer** genannt. An ausgesuchten Terminen fährt die MS »Fair Lady« nach Helgoland (✆ 047 21-66 76 00, www.cassen-eils.de).

Am Hooksmeer etablierten sich etliche Freizeitanlagen wie Sportboothafen, Wasserskianlage, Segel- und Surfschule sowie die Kinderspielhalle »Bullermeck« (www.bullermeck.de). Das Wangerland bietet viel für Familien mit Kindern, was auch schon zweimal zu einer Bundesauszeichnung führte.

Muscheln am Strand von Hooksiel im Wangerland

Ein herausragendes Angebot für die Kleinen ist das »Dorf Wangerland« bei Hohenkirchen, eine Art Indoor-Jahrmarkt mit 20 Karussells. Entlang dem Seedeich verläuft über vier Kilometer ein Strand mit touristischen Angeboten, darunter auch einem **Campingplatz**.

Der Ortskern zeigt sich noch immer recht idyllisch, zentraler Punkt ist der Alte Hafen. Dort steht auch an der Lange Straße 16 das **Künstlerhaus,** in dem Stipendiaten leben, arbeiten und gelegentlich auch ausstellen (März–Okt. Di–So 14–18, Nov.–Jan. Sa/So 14–17 Uhr). Am Alten Hafen ist ein **Muschelmuseum** zu finden.

Tourist Information ➡ N8
Hohe Weg 1, 26434 Hooksiel
✆ (044 25) 958 00, www.wangerland.de
Mo–Fr 8.30–16.30, März–Okt. auch Sa 9–12, So 10–12 Uhr

Internationales Muschelmuseum ➡ N8
Lange Str. 18, Hooksiel-Wangerland
✆ (044 25) 12 78, www.hooksieler-muschelmuseum.de
April–Okt. tägl. 11–17 Uhr, Eintritt € 2/1
Muscheln und Schnecken aus aller Welt.

Wilhelmshaven ➡ N/O9/10
Die Stadt ist nicht übermäßig alt und sie wurde regelrecht am Reißbrett geplant. In den 1850er Jahren wollten Militärs und preußischer König einen eigenen großen Marinestützpunkt haben. Den idealen Ort fand man am Jadebusen. Nach zwölfjähriger Bauzeit war ein komplett neu errichteter Hafen nebst Kasernenanlagen

und Wohnraum der preußischen Marine fertig, sein Name: Wilhelmshaven. Nach dem Zweiten Weltkrieg war die Stadt durch Bombenabwürfe zu 60 Prozent zerstört. Noch heute ist Wilhelmshaven Deutschlands größter Marinestandort. Mittlerweile ist die Stadt auch ein beliebtes touristisches Ziel, dank schöner, teilweise »grüner« Strände und einer attraktiven maritimen Meile. Hier befinden sich etliche Museen und Sehenswürdigkeiten mit maritimem Hintergrund.

Weiter entlang dem Hafenbecken erkennt man schon die **Kaiser-Wilhelm-Brücke** ➡ bC3, eine Stahldrehbrücke von 159 Metern Länge, 1907 fertiggestellt. Unterhalb der Brücke liegen zwei **Museumsschiffe,** das rote Feuerschiff »Weser« und der ehemalige Tonnenleger »Kapitän Meyer«. Nach dem Überqueren der Brücke erreicht man eine Promenade mit einigen Lokalen.

Man passiert dann das **Deutsche Marinemuseum** ➡ bC3, das die 150-jährige Geschichte der verschiedenen deutschen Marinen dokumentiert. Auf dem

Im Marinemuseum in Wilhelmshaven

Vor dem Wattenmeer Besucherzentrum in Wilhelmshaven

Freigelände dümpeln einige Schiffe, auch ein U-Boot, die teilweise begehbar sind. Etwas weiter entlang der Promenade liegt das **Aquarium Wilhelmshaven**. Die Frage, was genau der Nationalpark Niedersächsisches Wattenmeer ist, wird im **Wattenmeer Besucherzentrum** beantwortet.

Tourist Information ➡ bB1
Ebertstr. 110, 26382 Wilhelmshaven
✆ (044 21) 913 00-0, www.wilhelmshaven-touristik.de
Mo–Fr 9–17, Sa 9–14 Uhr

Deutsches Marinemuseum ➡ bC3
Südstrand 125, Wilhelmshaven
✆ (044 21) 40 08 40, www.marinemuseum.de
Tägl. April–Okt. 10–18, Nov.–März 10–17 Uhr
Eintritt € 12,50/7, bis 5 J. frei
Geschichte der deutschen Marinen.

Küstenmuseum Wilhelmshaven ➡ bB2
Weserstr. 58, Wilhelmshaven
✆ (044 21) 40 09 40, www.kuestenmuseum.de
Tägl. außer Mo 11–17 Uhr, Eintritt € 5/2,50
Das Haus spannt einen weiten Bogen von der allgemeinen Entstehung der Küste bis zur aktuellen stadtgeschichtlichen Entwicklung von Wilhelmshaven. Weiterhin wird der Tiefwasserhafen JadeWeserPort vorgestellt, obendrein auch die Welt der Wale thematisiert, u. a. mit dem Skelett eines 14 m langen Pottwals.

Wattenmeer Besucherzentrum ➡ bC3
Südstrand 110 B, Wilhelmshaven
✆ (044 21) 91 07-0
www.wattenmeer-besucherzentrum.de
Wiedereröffnung nach Umbaumaßnahmen voraussichtlich im Sommer 2021
Hier erfährt man alles über das Ökosystem Wattenmeer.

Aquarium Wilhelmshaven ➡ bC3
Südstrand 123, Wilhelmshaven
✆ (044 21) 506 64 44
www.aquarium-wilhelmshaven.de
Tägl. 10–18 Uhr, Eintritt € 14/10

Im Aquarium in Wilhelmshaven

Hier kann man in Schauaquarien mit insgesamt 600 000 Liter Wasser Nordseetierarten und auch tropische Meerestiere kennenlernen, außerdem einige Bewohner der Antarktis. Im Obergeschoss befindet sich noch ein Buddelschiffmuseum mit 150 Exponaten.

MS »Helgoland« ➡ bC4
Helgolandkai
✆ (047 21) 66 76 00, www.cassen-eils.de
Das Schiff fährt an ausgesuchten Terminen vom 14 km entfernten Hooksiel nach Helgoland.

Reederei Warrings ➡ bC4
✆ (044 64) 949 50, www.reederei-warrings.de
April–Sept.
An ausgesuchten Tagen Fahrten ins Wattenmeer zu den Seehundbänken und Hafenrundfahrten.

Dangast ➡ P9
Dangast ist ein kleiner Ort hinterm Deich, der 2004 seinen 200. Geburtstag als Seebad feiern konnte. Eine lange Tradition, die den Ort nicht gnadenlos in die Moderne katapultiert hat. Noch immer zeigt sich Dangast beschaulich und familiär, aber auch künstlerisch beeinflusst, seitdem frühe Expressionisten sich hier inspirieren ließen. Am Deich liegt ein großer **Campingplatz,** unweit davon das **DanGast Quellbad** mit einer 75-Meter-Rutsche. Der helle Sandstrand ist ziemlich lang und zieht sich vor dem Deich aus dem Ort hinaus.

Mündung des Ellenserdammer Tiefs in den Jadebusen bei Dangast

In die entgegengesetzte Richtung wird nach kurzem Spaziergang durch ein Wäldchen der kleine **Sielhafen** erreicht. Dort befindet sich auch das siebente von sieben Kunstwerken (Thema: »Die sieben Tage der Schöpfung«). Sie stehen zwischen Dangast und Mariensiel am Deich. Am östlichen Jadebusen, zwischen Varel und Eckwarderhörne, fand diese Idee eine Fortsetzung in mehreren Arbeiten, Infos: www.kunstamdeich.de.

Interessant ist auch der **Dangaster Kunstpfad**. Auf einem Rundweg durch den Ort kann der Gast insgesamt 19 Bilder bekannter Expressionisten bestaunen, im Sommer werden Malkurse angeboten, Infos über die Kurverwaltung.

Skulptur auf dem Kunstpfad in Dangast

Kurverwaltung Dangast ➡ P9
Edo-Wiemken-Str. 61, 26316 Varel
✆ (044 51) 91 14-0, www.dangast.de
Mo–Fr 10–17, Sa/So 10–16 Uhr, Nebensaison Sa/So geschl.

Franz-Radziwill-Haus ➡ P9
Sielstr. 3, Dangast
✆ (044 51) 27 77, www.radziwill.de
Fr 15–18, Sa/So 11–18 Uhr, Eintritt € 5/3
Etwas versteckt beherbergt mitten im Dorf das Franz-Radziwill-Haus, in dem der Maler 1923–83 lebte, thematisch wechselnde Ausstellungen.

Nationalpark-Haus Dangast ➡ P9
Zum Jadebusen 179, Dangast
✆ (044 51) 70 58, www.nlph.de

April–Okt. Di–Fr 10–12 und 14–18, Sa/So 14–18 Uhr, Nov.–März nach Vereinbarung
Vertiefende Informationen zum Nationalpark Niedersächsisches Wattenmeer in der alten Dorfschule.

DanGast Quellbad ➡ P9
Edo-Wiemken-Str. 61, Dangast
✆ (044 51) 91 14-41
Meist ab 10 Uhr, Eintritt € 5,85/2,90 (4–15 J.) für 3,5 Std.
Großes Spaßbad mit 75 m langer Rutsche, Strömungskanal und Kinderbucht. Das Badewasser ist mit Jodsole aus einer eigenen Quelle verschnitten.

Butjadingen ➡ N/O10/11
Fast wie eine Halbinsel geschnitten liegt die Region Butjadingen zwischen Jadebusen, Nordsee und Wesermündung. Zwei Seebäder ziehen die meisten Gäste an, **Tossens** ➡ N10 und **Burhave** ➡ N11. Aber eigentlich ist Butjadingen mehr geprägt von kleinen Orten, viel Natur und dem Wattenmeer. Ideal zum Erkunden per Fahrrad. Dabei stößt man in fast jedem Dorf auf eine wehrhafte Kirche, wie die 850 Jahre alte St.-Laurentius-Kirche in **Langwarden** ➡ N10. Vereinzelt sieht man Windmühlen. In Betrieb ist kaum noch eine, besich-

Kirche von Butjadingen-Burhave

tigen kann man die Moorseer Mühle in **Nordenham** ➡ O11. Zudem liegt bei **Burhave** die vier Hektar große gezeitenunabhängige Nordsee-Lagune mit flachen Stränden und Abenteuerspielplatz.

Malerisch dümpeln in **Fedderwardersiel** ➡ N11 Krabbenkutter am Kai (mit Verkauf vom Kutter) und am Hafen informiert das Nationalpark-Haus Museum Butjadingen über das Wattenmeer.

Tourist Information ➡ N11
Strandallee 61, 26969 Butjadingen
✆ (047 33) 92 93 40, www.butjadingen.de
Tägl. 9–16 Uhr

Museum Moorseer Mühle ➡ O11
Butjadinger Str. 132, Nordenham
✆ (047 31) 889 83, www.museum-moorseer-muehle.de
April–Okt. tägl. außer Mo 10–17, Nov.–März So 14–17 Uhr, Eintritt € 3/1,50
Museum zur Mühlengeschichte; die Mühle wird oft auch in Betrieb gezeigt.

Nationalpark-Haus Museum Butjadingen ➡ N11
Am Hafen 4, Feddderwardersiel
✆ (047 33) 85 17, www.nationalparkhaus-wattenmeer.de/nationalpark-haus-museum-fedderwardersiel
Feb./März Di–So 10–16, April–Okt. tägl. 10–17 Uhr
Eintritt € 5,50/2

Krabbenkutter in Fedderwardersiel

Die pittoreske Moorseer Mühle in Butjadingen

Das Museum im Fischereihafen informiert über das buchstäblich vor der Haustür liegende Wattenmeer, heimische Flora und Fauna, Fischerei, Deichbau und Siedlungsgeschichte.

Nordsee-Lagune Butjadingen ➡ N11
Am Deich 22 A, Butjadingen
✆ (047 33) 92 93 10
Mai–Sept. tägl. 10–18 Uhr
Tageskarte € 5,50, Familien € 15, bis 3 J. frei
Der kinderfreundliche Meerwasserbadesee besitzt einen sacht abfallenden Sandstrand und ist vom Meer abgetrennt. Motto: »Butjadingen hat die Ebbe abgeschafft«. Mit Abenteuerspielplatz, Beach-Volleyball- und Fußballfeld, Tretbooten, Strandkorbverleih.

Butjadinger Fischereigenossenschaft ➡ N11
Am Hafen 1, Fedderwardersiel
✆ (047 33) 921 97 14, www.krabbenausfedsiel.de
Tägl. 9–18 Uhr
Hier werden frischer Fisch und Krabben verkauft, auf der Homepage wird dazu passend gleich eine »Pulanleitung« zum richtigen Krabbenpulen gezeigt.

Wurster Land ➡ M/N11/12
Nördlich von Bremerhaven erstreckt sich die Wurster Nordseeküste. Um das mal gleich klarzustellen: Der Begriff »Wurst« hat nichts mit Wurst zu tun, sondern leitet sich ab von Wurten oder Warften. Das sind kleine

Abends ist es ruhig im Dorumer Hafen

Erdhügel, auf denen in Küstennähe die Häuser gebaut wurden, um bei einer Überschwemmung etwas geschützt zu sein.

Die Küste liegt am Wattenmeer, das zum Nationalpark Niedersächsisches Wattenmeer gehört. An vielen Stellen können Besucher geführte Wattwanderungen unternehmen, eine gute Anlaufstelle dafür ist das Nationalpark-Haus in **Dorum** ➡ M12, wo auch eine interessante Ausstellung zum Thema Wattenmeer informiert.

Dorum ist eines von zwei Nordseebädern im Wurster Land; eindrucksvoll ist hier auch das Deichmuseum, das das ewige Thema Küstenschutz näherbringt. In Dorum-Neufeld steht ein Wahrzeichen, ein 37,40 Meter hoher Leuchtturm aus dem Jahr 1886, der erst 2003 hierher verpflanzt wurde. Von der Plattform bietet sich ein schöner Fernblick.

Zum Baden kann man das neue **Schwefelsole-Wellenbad** ➡ M11 in Dorum-Neufeld besuchen. Es liegt direkt am Wattenmeer.

Das Nordseebad **Wremen** ➡ N11 ist geprägt von der Krabbenfischerei, noch heute liegen malerisch einige Kutter im Hafen. Außerdem steht seit Kurzem dort der kleinste Leuchtturm der Küste (10 m), genannt »Kleiner Preuße«, und es gibt ein Museum für Wattfischerei.

ℹ **Kurverwaltung** ➡ M12
Am Kutterhafen 3, 27632 Dorum
✆ (047 41) 960-0, www.wursternordseekueste.de

Kurioses Muschelmuseum ➡ N11
Zur alten Schule 3, Wremen
✆ (047 05) 242
www.muschelmuseum-wremen.jimdo.com
April–Mitte Sept. Mi–So 10–12 und 14–16.30 Uhr
Eintritt € 3, Kinder frei
Auf humorvolle Art wird die Welt der Muscheln dargestellt.

Museum für Wattfischerei ➡ N12
Wurster Landstr. 118, Wremen
✆ (047 05) 309, www.museum-wremen.de
Ostern–Okt. Mi–So 14–17 Uhr, Eintritt € 2,50/1,50
In einem alten Fischerhaus wird die Geschichte der Wattfischerei präsentiert.

Niedersächsisches Deichmuseum ➡ M12
Poststr. 16, Dorum
✆ (047 42) 10 20, www.nds-deichmuseum.de
Mai–Okt. tägl. 14–17 Uhr, Eintritt € 3,50, Kinder frei
Museum zum Thema Küstenschutz, u. a. werden verschiedene Deichmodelle und Deichbautechniken vorgestellt.

Gallerie-Holländer-Mühle ➡ M12
Midlum
www.midlumer-muehle.de

Nordseeküste in Wremen mit dem Leuchtturm »Kleiner Preuße«

Eine fotogene und vor allem noch funktionierende Windmühle – ein Galerie-Holländer. An bestimmten Tagen (vgl. Website) ist »Backtag«, dann werden Brot und Butterkuchen hergestellt und verkauft.

Nationalpark-Haus Wurster Nordseeküste
➡ M12
Am Kutterhafen 3, Dorum-Neufeld
✆ (047 41) 96 02 90
Mai–Okt. tägl. 10–18, Nov.–April Mi–So 11–17 Uhr
Eintritt frei
Dieses Infozentrum liegt vor dem Deich beim Wattenmeer und informiert über das einzigartige Ökosystem. Es bietet geführte Wattwanderungen an.

Cuxhaven ➡ K/L12/13
Cuxhaven liegt sowohl an der Nordsee als auch an der Elbe, genauer gesagt an der Elbmündung. Das hat Vorteile. Man kann hier ganz beschaulich am Deich sitzen und den vielen Schiffen nachschauen, die sich auf ihrem Weg über die Elbe zum Hamburger Hafen durchs Bild schieben. Darunter sind riesige Containerschiffe, gewaltige Tanker und vereinzelt auch Kreuzfahrer. Genügend Schiffe fahren aber nicht nur vorbei, sie legen auch in Cuxhaven an. So entstand im Laufe vieler Jahrzehnte ein sehr großer Hafen mit mehreren Kaianlagen.

Abends wird der Jachthafen in ein warmes Licht getaucht

Urlaubsfeeling am Strand von Cuxhaven

Einige Kilometer weiter rollt sich ein schöner weißer **Sandstrand** über mehrere Kilometer aus. Hier kann man so richtig am Nordseestrand faulenzen und – wenn das Wasser sich nicht mal wieder bei Ebbe zurückgezogen hat – auch schnell mal in die Fluten springen. Man muss schon lange suchen an der Festlandsküste, um einen ähnlich schönen Strand zu finden. Der Ort Cuxhaven zieht sich sehr weitläufig über etliche Kilometer entlang der Küste zwischen Badestrand und Hafenanlagen.

Die Hafenbecken werden immer noch von großen Schiffen angesteuert, vom **Alten Hafen** nebenan starten heute überwiegend Ausflugsschiffe. Trotzdem lohnt ein Spaziergang, um die maritime Atmosphäre zu schnuppern. Einige urige Kneipen findet man dort, ein paar Geschäfte und am Helgolandkai werden in einer kleinen Bude fangfrische Krabben kiloweise verkauft. Hier findet auch ein **Fischmarkt** statt, richtig stilecht mit Marktschreiern, fast wie beim großen Vorbild in Hamburg.

Am **Amerikahafen** ➡ L13 stehen die Steubenhöft und Hapag-Hallen, wo in der Vergangenheit Tausende von Übersee-Auswanderern abgefertigt wurden. Daran erinnert die Ausstellung »Abschied nach Amerika« eindringlich. Noch heute legen hier Kreuzfahrer an.

In zwei Hallen im Fischereihafengebiet in der Ohlroggestraße vereint das Museum **Windstärke 10** ➡ L13

Hafen von Cuxhaven

Cuxhaven, Niedersachsen

Wenn Heinrich Heine über Cuxhaven dichtet, wird es romantisch und zugleich ein wenig tragisch: »Am Werfte zu Cuxhaven, da ist ein schöner Ort, er heißt »Die Alte Liebe«, die meinige ließ ich dort.«

An der Alten Liebe in Cuxhaven.

Bei dem Pfahlbau an der nördlichsten Spitze Niedersachsens handelt es sich um ein Bollwerk, für das angeblich im Jahre 1733 drei Schiffe versenkt wurden, von denen eines den Namen »Alte Liebe« trug. Die Zwischenräume seien mit Steinen und Buschwerk gefüllt und die Schiffe mit Pfählen umgeben worden. Hier legen noch immer die Schiffe nach Helgoland und Neuwerk ab.

Im Zuge der Umgestaltung des Hafens ist der bei Kurgästen und Einheimischen gleichermaßen beliebte Aussichtspunkt am Rand des Hafengeländes modernisiert worden. Der Schiffsmeldedienst sorgt mit Durchsagen über Herkunft und Größe vorbeifahrender Frachtschiffe für interessante Abwechslung.

Eine Hafenrundfahrt gehört zum Pflichtprogramm bei einem Besuch von Cuxhaven. Der Hafen liegt strategisch günstig nahe dem Nord-Ostsee-Kanal und der Mündung von Elbe und Weser. In dem 319 Hektar großen Areal werden meist Fische aus Norwegen gelöscht und wird Stahl aus England verladen. Im östlichen Teil des 800 Meter langen Amerikahafens, dessen Wassertiefe bis zu 15 Meter beträgt, ist 1997 das Tiefwasserterminal CuxPort gebaut worden, das vor allem als Umschlagplatz für Container und Autos dient.

Der Alte Hafen verfügt über mehrere Werften. Hier liegt auch das Museumsschiff Elbe 1. Noch bis zum Jahr 1988 waren in der Elbmündung vor Cuxhaven rote Feuerschiffe im Einsatz, die den Frachtschiffen den sicheren Weg zwischen den Sandbänken hindurch auf die offene See zeigten. Zudem dienten die Schiffe als Rettungsboote und zur Beobachtung des Schiffsverkehrs. Heute können Maschinenraum, Kommandobrücke, Kammern und Kombüse sowie die Offiziersmesse besichtigt werden. Alle technischen Einrichtungen an Bord sind noch voll funktionsfähig.

Info: Cuxhaven liegt an der Elbmündung. **Info Cuxhaven:** Cux-Tourismus GmbH, Cuxhavener Str. 92, 27476 Cuxhaven, Tel. (047 21) 40 42 00, https://tourismus.cuxhaven.de. **Info Museumsschiff Elbe 1:** An der Alten Liebe, Cuxhaven, Tel. (047 21) 423 07 98 (Anrufbeantworter), www.elbe-1.de, Öffnungszeiten Anfang April–Okt. Di–So 11–16 Uhr, Eintritt € 4, ermäßigt € 2,50. **Info Hafenrundfahrt:** Fluss- und Hafentouristik GmbH Carstensen, Lehmkuhle 22, Cuxhaven, Tel. (047 21) 66 76 00, www.cuxhaven-schifffahrt.com.

zwei interessante Ausstellungen: das ehemalige Fischerei- und das Wrackmuseum.

Ein Stück landeinwärts zeigt das kleine **Ringelnatz-Museum** Arbeiten des Malers, der vielen nur als spöttischer Dichter bekannt ist. Nahebei findet sich das **Schloss Ritzebüttel** aus dem Jahr 1340 in einem schönen Schlossgarten.

Zurück am Wasser erreicht man die **»Alte Liebe«**, einen 50 Meter langen Schiffsanleger aus Holz, der seit 1981 als Aussichtsplattform genutzt wird. Über Lautsprecher werden Besucher über technische Daten vorbeifahrender Schiffe informiert. Der Name stammt übrigens von einem 1733 hier als Wellenbrecher versenkten Schiff.

Direkt davor steht ein **Semaphor**, ein 1883 erbauter Zeichenträger, der – als Service für auslaufende Schiffe – Windrichtung und -stärke auf den Inseln Helgoland (erkenntlich am H) und Borkum (B) anzeigt. Ein Signalarm steht dabei für zwei Windstärken; noch heute wird die Anlage nach den jeweils aktuellsten Wetterdaten eingestellt. Am Alten Hafen bei der »Alten Liebe« liegt auch das ehemalige **Feuerschiff »Elbe 1«**, das viele Jahre lang der Elbschifffahrt als Seezeichen diente.

Wer der Küste weiter folgt, gelangt an einen hübschen grünen **Strand**. Dort, wo der Sandstrand beginnt,

Unübersehbar: das Feuerschiff »Elbe 1«

reckt sich das Wahrzeichen von Cuxhaven in die Höhe, die **Kugelbake.** Das 29 Meter hohe Seezeichen diente einst den Schiffen als Orientierungshilfe, was heute im Zuge der Radartechnik nicht mehr notwendig ist. Genau hier liegt auch das **Fort Kugelbake** ➡ K13, eine ehemalige Küstenbatterie aus dem Jahr 1868, die zur Verteidigung der Elbzufahrt gebaut wurde. Geführte Besichtigungen können über die Kurverwaltung gebucht werden. Es schließt sich nun der kilometerlange Sandstrand an, der bis hinüber zum Ortsteil **Duhnen** ➡ K12 verläuft. Manchmal kann man noch ohne Kurtaxe zu zahlen auf dem Deich spazieren, manchmal nur unten davor. Vereinzelt liegen hier Lokale.

Tourist Information ➡ L13
Cuxhavener Str. 92, 27476 Cuxhaven
✆ (047 21) 404-200, https://tourismus.cuxhaven.de
Mo–Sa 9.30–16, im Sommer auch So 9.30–13 Uhr

Ringelnatz-Museum ➡ L13
Südersteinstr. 44, Cuxhaven
✆ (047 21) 39 44 11, www.ringelnatzstiftung.de
Tägl. außer Mo 10–13 und 14–17 Uhr
Eintritt € 4/2,50

Beliebter Ort für Hochzeiten: Schloss Ritzebüttel

Die Kugelbake von Cuxhaven gab den Schiffen einst Orientierung

Die Dauerausstellung zeigt Bücher, Fotografien und Kunstwerke des Schriftstellers und Malers Joachim Ringelnatz.

Windstärke 10 – Wrack- und Fischereimuseum Cuxhaven ➡ L13
Ohlroggestr. 1, Cuxhaven
✆ (047 21) 70 07 08 50, www.windstaerke10.net
Mi–So 11–17 Uhr, Eintritt € 9,50/4
In zwei ehemaligen, miteinander verbundenen Fischpackhallen werden in einer modern konzipierten Ausstellung die Beschwernisse und Gefahren der Seefahrt vorgestellt, zudem gibt es eine einzigartige Wracksammlung.

Wattwanderungen ➡ L12/13
Von den Ortsteilen Duhnen, Döse und Sahlenburg starten Wattwanderungen mit kundigen Wattführern. Auskünfte erteilt die Kurverwaltung, zudem liegt dort auch ein Prospekt zum Wattwandern aus.

Ausflugsziele:

Reederei Cassen Eils ➡ L13
Bei der Alten Liebe 12, Cuxhaven
✆ (047 21) 66 76 00, www.cassen-eils.de
Die Schiffe fahren nach Helgoland, Neuwerk, zu den **Seehundbänken** und in den **Nord-Ostsee-Kanal**. Auch **Hafenrundfahrten** sind im Programm.

Stimmungsvoll: die Überfahrt zur Insel Neuwerk in einem Wattwagen

Insel Neuwerk ➡ K11/12

Die kleine Insel, die 12 km vor Cuxhaven liegt und verwaltungstechnisch zu Hamburg gehört, kann zu Fuß durchs Watt erreicht werden; dazu folgt man dem markierten Prickenweg. Unbedingt an die im Tidenkalender empfohlenen Abmarschzeiten halten! An fast allen Tagen erfolgt die Rückkehr mit MS »Flipper« der Reederei Cassen Eils, da man wegen des auflaufenden Wassers nicht mehr zu Fuß gehen kann. Die Anmeldung unter ✆ (047 21) 66 76 00 oder www.neuwerkreisen.de ist ratsam. Man kann auch in einem Wattwagen (Kutschwagen) hinüberfahren.

Stade ➡ N17

Die Kleinstadt ist sowohl per Auto als auch per Bahn (Strecke nach Hamburg) schnell erreicht. Sehenswert ist hier vor allem der historische Ortskern, in dem noch viele alte Fachwerkhäuser stehen und der von einem Wassergraben umschlossen ist. Besonders reizvoll zeigt sich Stade am Alten Hafen mit dem eindrucksvollen Speichergebäude aus dem frühen 18. Jahrhundert. Tatsächlich aber ist das Zentrum als Ganzes von fast malerischem Reiz.

Abtauchen in das Industriezeitalter

Tauchbasis Kreidesee

Hemmoor, Niedersachsen

Mit den Schwimmflossen voran geht es hinab in eine andere Welt: Durch das Chinesische Glückstor, ehemals Requisit eines Asia-Restaurants, vorbei an versunkenen Schiffen und Wohnwagen, sogar einem Flugzeug. Zwischen den Wracks tummeln sich Forellen, Aale und Barsche. Die Sicht ist gut im Hemmoorer Kreidesee, einem der beliebtesten Tauchspots Deutschlands. Dank des hohen Kalkgehalts im Wasser wachsen nämlich kaum Pflanzen: Die bizarr wirkenden Bäume und Büsche, durch die man an den Uferhängen hindurchtauchen kann, stammen aus einer anderen Zeit, bevor das Wasser kam. Zusätzlich erhellt die Kreide die Szenerie, bis zu 25 Meter weit geht der Blick und bleibt an so manch skurriler Unterwasser-Sehenswürdigkeit hängen.

Der Kreidesee Hemmoor gehört zu den besten Tauchspots Deutschlands.

Der VW Polo etwa hatte schon einen Fernsehauftritt, er wurde in den 1990er Jahren eigens für Filmaufnahmen versenkt. Besonders beliebt als Fotomotiv ist ein weißer Plastikhai auf zehn Metern Tiefe. Daneben zeugen Betontrümmer und ein Förderband von der industriellen Vergangenheit des Sees.

Früher wurde hier nämlich Kreide abgebaut, mit der man Mitte des 19. Jahrhunderts Beton zu mischen begann – den Baustoff der aufkommenden Moderne. Doch je mehr man in die Tiefe gehen musste, um an den Rohstoff zu kommen, umso weniger rentierte sich der Tagebau, und so wurde er schließlich eingestellt. Kurz darauf schloss Anfang der 1980er Jahre auch die Zementfabrik und die Grube lief mit Wasser voll. Das war die Geburt des einmaligen Tauchreviers.

Seilten sich unerschrockene Sporttaucher anfangs noch einfach an der steilen Uferböschung ab, geht es heute geregelter zu. Es gibt eine Tauchbasis, bereits oft als die beste in Deutschland, Österreich und der Schweiz ausgezeichnet, verschiedene Einstiege und in der Mitte des Sees eine Plattform. Übernachtet wird in Ferienwohnungen oder auf einem Campingplatz, am Wochenende ist ein eigener Rettungsdienst vor Ort. Allein darf hier sowieso niemand abtauchen, immerhin geht es bis zu 60 Meter in die Tiefe. Vom Schnuppertauchgang bis zum Tauchlehrerschein können Kurse aller Levels absolviert werden.

Zur Vorbereitung auf den Sprung ins Wasser hat Unterwasserfotograf Udo Kefrig zusammen mit Tauchbasisbetreiber Holger Schmoldt einen Guide zum Kreidesee verfasst, viele Farbfotos halten das verwunschene Unterwasserpanorama, das stetig um neue Schätze erweitert wird, fest.

Info: Hemmoor liegt etwa 40 km südöstlich von Cuxhaven. **Info Kreidesee:** Cuxhavener Str. 1, 21745 Hemmoor, Tel. (047 71) 79 21, www.kreideseetaucher.de.

Sonnenuntergang über dem
Wattenmeer Ostfrieslands

Ostfriesische Inseln

Wie auf einer Perlenkette aufgezogen liegen die sieben Ostfriesischen Inseln zwischen den Mündungen von Ems und Jade vor der niedersächsischen Nordseeküste. Die meisten Inseln sind relativ klein, wenn es mit Borkum und Norderney auch zwei von beachtlicher Größe gibt. Alle haben einen schönen Sandstrand, der sich beständig verändern kann. Wasserströmungen und Windeinwirkungen knabbern immer wieder an der jeweiligen Westseite, die durch Deiche oder Dünenbewuchs geschützt werden muss.

Auf jeder Insel existiert nur ein Ort und auf allen wurden weite Gebiete unter Naturschutz gestellt. Konsequenterweise findet man dann auch auf fünf Inseln gar keine Autos und auf den übrigen zwei, Borkum und Norderney, ist der Verkehr stark reglementiert. Jede Insel wird von einem anderen Fährhafen auf dem Festland angefahren, nur ab Norddeich kann man zu zweien gelangen.

Die Erreichbarkeit der Inseln ist unterschiedlich, je nachdem, ob der Hafen gezeitenabhängig ist oder nicht. Wo man dem Wechselspiel von Ebbe und Flut ausgesetzt ist, gibt es teilweise nur eine Verbindung pro Tag. Ab anderen Häfen pendeln die Fähren dagegen beinahe stündlich.

Kein Besuch der Ostfriesischen Inseln ohne Wattwanderung

Sieben Perlen im Wattenmeer

OSTFRIESISCHE INSELN

Ostfriesland, Niedersachsen

Sie sind kleiner als ihre westfriesischen Schwestern und nicht so spektakulär wie Rügen oder Helgoland – und doch gehören die Ostfriesischen Inseln zu den beliebtesten Ferienzielen in Deutschland. Und das schon seit Langem:

Die für die Insel typischen Strandzelte auf Borkum.

1797 wurde auf Norderney das erste deutsche Nordseebad eröffnet, 1851 machte König Georg V. von Hannover die Insel zu seiner Sommerresidenz. Doch auch die anderen sechs Inseln können auf eine lange Tradition als Kur- und Erholungsorte zurückblicken. Jede einzelne von ihnen hat dabei ihren ganz eigenen Charakter und ihren besonderen Charme bewahrt.

Zu den Sehenswürdigkeiten von Wangerooge, der östlichsten Insel, gehören gleich zwei historische Türme: der Alte Leuchtturm beherbergt das Inselmuseum und eines der höchstgelegenen Standesämter Deutschlands, der Westturm dient als Jugendherberge. Das benachbarte Spiekeroog besticht durch ein besonders gut erhaltenes Inseldorf mit uralten Friesenhäusern. Langeoog kann mit kilometerlangen, naturbelassenen Stränden aufwarten.

Das winzige Baltrum punktet mit viel Ruhe, kurzen Wegen und breiten Stränden – perfekte Voraussetzungen für einen gelungenen Familienurlaub. Im mondänen Norderney finden sich viele denkmalgeschützte Zeugnisse alter Bäderarchitektur, darunter das Conversationshaus von 1822. Das lang gestreckte Juist mit seinen Stränden aus schneeweißem Pulversand gilt Kennern als die schönste der Ostfriesischen Inseln. Borkum schließlich war früher die Insel der Piraten und Walfänger – und ist heute ein anerkanntes Heilbad und die nordwestlichste Gemeinde Deutschlands.

Allen Inseln gemeinsam sind die gute Luft, die Schönheit der Natur und die vielen Kur- und Freizeitmöglichkeiten.

INFO: Die Ostfriesischen Inseln liegen zwischen 120 und 190 km nordwestlich von Bremen. **INFO OSTFRIESISCHE INSELN:** Ostfriesische Inseln GmbH, Goethestr. 1, 26757 Borkum, Tel. (049 22) 93 31 20, https://ostfriesische-inseln.de.

Badekultur von einst: Borkumer Badekarren

Borkum ➡ N1/2
Die westlichste der Ostfriesischen Inseln ist zugleich auch die größte, allein der schöne Sandstrand erreicht eine Gesamtlänge von 26 Kilometern. Kein Wunder, dass sich Borkum zu einem der beliebtesten Nordseebäder entwickelte. Bereits Mitte des 19. Jahrhunderts zog das Seebad erste Gäste an. Seitdem hat sich viel verändert, aber der Ort hat im Zentrum seinen Charme erhalten können. Die beiden **Leuchttürme** markieren diese unterschiedlichen Facetten. Beim »Neuen« brodelt das touristische Leben vor allem in der Strandstraße, rund um den »Alten« lässt sich noch der Reiz der historischen Häuser entdecken.

Die Insel hat eine Größe von etwa 36 Quadratkilometern, ein Großteil davon steht unter Naturschutz. Auf 130 Kilometern markierten Wegen kann man durch die Landschaft wandern oder radeln, aber kaum Auto fahren. Es ist zwar möglich, sein Fahrzeug mit nach Borkum zu nehmen, aber es gibt erhebliche Einschränkungen: Teile des Ortes sind für Autos gesperrt, in anderen herrscht ein früh beginnendes Nachtfahrverbot. Und Parkplätze sind rar. Wer mit der Fähre in Borkums Hafen einläuft, kann von dort mit der gemütlichen **Inselbahn** in den Ort fahren, aber auch Busse bedienen die Strecke.

Der **Ort Borkum** ➡ N1 zeigt sich teils touristisch-quirlig, teils gemütlich-ruhig. Allein die Strandpromenade verläuft über vier Kilometer und ist eine Flaniermeile, besonders am Abend. Sehenswert ist das Dykhus beim **Alten Leuchtturm**, zu dessen Spitze 150 Stufen führen (derzeit aber geschl.), in dem das **Heimatmuseum** mit einem 15 Meter langen Pottwal-Skelett untergebracht ist. Der **Neue Leuchtturm** steht näher am Meer und reckt sich 60 Meter in die Höhe, was fantastische Weitblicke ermöglicht. Am Südstrand steht ein **Nordsee-Aquarium** ➡ N1.

Vom **Ostland** ➡ N1, einem beliebten Ausflugsziel, lassen sich Wanderungen in die einsame Natur unternehmen. Im südlich gelegenen Schutzhafen dümpelt das Feuerschiff »Borkumriff«, das eine Ausstellung zum Nationalpark Wattenmeer zeigt. Und nicht nur bei schlechtem Wetter lohnt ein Besuch im **Erlebnisbad »Gezeitenland«** ➡ N1, wo es sogar eine Indoor-Surfanlage gibt.

Tourist Information ➡ N1
Am Georg-Schütte-Platz 5, 26757 Borkum
✆ (049 22) 93 30, www.borkum.de
Mitte März–Okt. Mo–Fr 10–17, Sa/So 10–13 Uhr

Heimatmuseum ➡ N1
Roelof-Gerritz-Meyer-Str. 8, Borkum
Mitte März–Anf. Nov. und Mitte Dez.–Anfang Jan. tägl. außer Mo 10–17, Anf. Nov.–Mitte Dez. Sa/So 10–17 Uhr
Eintritt € 4/1,50, bis 6 J. frei

Am Strand von Borkum mit Blick auf den Neuen Leuchtturm

Die 300-jährige Geschichte Borkums wird liebevoll präsentiert, zu sehen ist zudem das Skelett eines Pottwals.

Per Schiff nach Borkum ➡ N1
AG Ems
✆ (018 05) 18 01 82, www.ag-ems.de
Von Emden per Fähre (2 Std. Fahrzeit) oder Katamaran (1 Std. Fahrzeit)
Von Eemshaven in den Niederlanden (Fahrzeit Fähre ca. 50 Min., Katamaran ca. 25 Min.)

Flugplatz ➡ N1
Ostfriesische Lufttransport GmbH
Borkum
✆ (049 21) 899 20, www.fliegofd.de
Der Flugplatz auf Borkum liegt 2 km vom Ort entfernt, Busse stehen bei Landung bereit. Kleinmaschinen machen den 15-minütigen Hopser von Emden vier- bis siebenmal täglich.

4 Juist ➡ M2/3
Wer nach 90-minütiger Fahrt die Fähre im Hafen von Juist verlässt, mag zunächst seinen Ohren nicht trauen, denn man hört nur Pferdegetrappel. Tatsächlich ist die Insel autofrei, der Transport erfolgt mit Pferdewagen.

Dünenlandschaft auf Juist

Seebrücke und Seezeichen auf Juist

An die 100 Tiere sollen im Dienst des Urlaubers über die kleine Insel zockeln. Allzu groß ist sie tatsächlich nicht, ein Fahrrad genügt völlig, um ihre 17 Kilometer Länge und 500 Meter Breite zu erkunden.

Der **Ort Juist** ➡ M3 liegt etwa in der Inselmitte, hier sind auch die meisten touristischen Einrichtungen zu finden. Weitere befinden sich in den westlich gelegenen Ortsteilen mit Namen Siedlung und Im Loog. Der Rest ist Natur!

Die Nordküste wird von einem hellen, feinsandigen **Strand** geprägt, der entlang der gesamten Insel verläuft. Hier kann nun wahrlich jeder sein einsames Fleckchen finden. Die südliche Küste wird von einem Deich gegen das Wattenmeer geschützt. Im Westen und Osten findet man Dünen, Salzwiesen, einen kleinen See und dort auch eine Aussichtsdüne. An der Kurpromenade, die durch die geschützten Dünen verläuft, gibt es drei Aussichtspunkte, von denen man einen tollen Fernblick genießt.

Das Wahrzeichen von Juist in Form einer im Wasser treibenden Boje steht am Ende der 350 Meter langen Seebrücke, es ist ein 17 Meter hohes **Seezeichen** ➡ M3. Sehenswert ist das **Küstenmuseum** im Loog, das viele Informationen zur Nordsee, zur Fischerei und Schifffahrt liefert.

ℹ **Kurverwaltung** ➡ M3
Strandstr. 5, 26571 Juist
✆ (049 35) 80 98 00, www.juist.de
Mai–Sept. Mo–Fr 9–12.30 und 15–18, Sa 10–12.30 Uhr, sonst kürzer

Im Ortskern von Juist

Küstenmuseum ➡ M3
Loogster Pad 29, Juist
✆ (049 35) 238 09 18, www.kuestenmuseum-juist.de
April–Okt. Mo 9.30–13, Di–Fr 9.30–13 und 14.30–17.30, So 14.30–17, sonst nur Di und Sa 14.30–17 Uhr
Eintritt € 3/1,50
Umfassende Informationen zur Entwicklung der Region.

Reederei Norden-Frisia ➡ N4
Norden
✆ (049 31) 98 70, www.reederei-frisia.de
Ein- bis zweimal tägl. Fährverbindung mit Norddeich (tidenabhängig). Auch Flüge zur Insel im Angebot (www.inselflieger.de).

Hotel Friesenhof ➡ M3
Strandstr. 21, Juist
✆ (049 35) 806-0, www.friesenhof.info
Gediegenes Hotelrestaurant mit vorzüglicher Fischküche. €€€

Hotel Achterdiek ➡ M3
Wilhelmstr. 36, Juist
✆ (049 35) 80 40, www.hotel-achterdiek.de
Feine Küche, gute Weinauswahl, sehr schöne Bar. €€–€€€

5 Norderney ➡ M4/5

Die Insel, 14 Kilometer lang und im Mittel zwei Kilometer breit, blickt auf eine lange Tradition zurück: Bereits 1797 sonnten sich die ersten Gäste hier am schönen Strand und die Insel erhielt den Status »Seebad«. Heute dürfte sie zu den touristisch gesehen umtriebigsten der Ostfriesischen Inseln zählen. Hier findet der Gast sowohl städtisches Leben als auch eine intakte Natur. Fast die Hälfte der Insel wurde unter Naturschutz gestellt.

Einen Rest von mondänem Flair konnte sich Norderney erhalten, genügend historische Häuser zeugen von altem Glanz. Nicht nur das Kurhaus zeigt sich in einer traditionellen Bauweise, auch etliche Hotels sind von außen nostalgisch, innen natürlich hochmodern gestaltet. Auch kulturell hat Norderney eine Menge zu bieten; nicht umsonst wird die selbsternannte »Königin der Nordsee« oft mit Sylt verglichen.

Das ganze Jahr über werden kulturelle und sportive Veranstaltungen geboten, die es so auf den anderen Inseln nicht gibt, vielleicht mit Ausnahme von Sylt. Hier kann der Gast also durchaus quirliges städtisches Leben

Strand von Norderney

Die Milchbar – »the place to be« für einen romantischen Drink zum Sonnenuntergang

genießen, durch Geschäfte bummeln, im Spielkasino einen Einsatz wagen, den Tag am schönen Strand verdösen und doch auch einen Spaziergang in die nahe Natur unternehmen.

Wer sich einen Überblick verschaffen möchte, steigt die 252 Stufen des **Leuchtturms** ➡ M4 bis zur Plattform auf genau 54,6 Metern hoch (April–Okt. tägl. 14–16 Uhr, € 3) oder besucht das **bade~museum** ➡ M4, das im alten Freibadgebäude auf 1100 Quadratmetern die 200-jährige Geschichte des Nordseeheilbads dokumentiert.

Tourist Information ➡ M4
Am Kurplatz 1, 26548 Norderney
✆ (049 32) 89 19 00, www.norderney.de
Mo–Fr 9.30–18, Sa/So 10–13 Uhr, Nebensaison So geschl.

bade~museum ➡ M4
Am Weststrand 11, Norderney
✆ (049 32) 93 54 22, www.museum-norderney.de
Di–Fr 11–17, Sa/So 14–17 Uhr, Eintritt € 5/3, bis 8 J. frei
Die interessanten Wechselausstellungen haben zumeist eine thematische Verbindung zu Norderney.

Reederei Frisia ➡ N4
Ab Norddeich
✆ (049 31) 98 70, www.reederei-frisia.de

Conversationshaus auf Norderney

Im Ortskern von Baltrum

In der Saison beinahe stündliche Fährverbindungen, sonst neun Fahrten pro Tag.

✈ Frisia Luftverkehr ➡ N4
Norden
✆ (049 31) 933 20, www.inselflieger.de
Linienflüge nach Norderney gibt es derzeit nicht, aber FLN bietet Bedarfsflüge an, die individuell vereinbart werden müssen.

Baltrum ➡ M5

Die zweitkleinste der Ostfriesischen Inseln (6,5 km^2) wurde erstmals 1398 urkundlich erwähnt. Dass sie seitdem im Dornröschenschlaf verharrt hätte, kann man nun wirklich nicht sagen, obwohl sie sich selbst den Beinamen »Dornröschen der Nordsee« gibt. Das aber zielt eher auf die überall blühenden roten und weißen Heckenrosen. Der Ort besteht aus dem Ost- und dem Westdorf sowie dem winzigen Alten Ostdorf, wo etliche ursprüngliche Inselhäuser stehen. Ein Spaziergang erschließt ihn recht rasch und Gehen ist überhaupt die bevorzugte Fortbewegungsart: Auf der Insel fahren keine Autos, Motorräder auch nicht, selbst Fahrräder sind unerwünscht.

Kurios auch dies: Die Straßen tragen keine Straßennamen, dafür sind alle Häuser nummeriert. Allerdings bunt durcheinander gewürfelt. So liegt beispielsweise neben Haus Nr. 67 die Nummer 262, gefolgt von der Nummer 85. Warum? Die Hausnummern wurden in der Reihenfolge ihres Entstehens vergeben.

Baltrum: Die Insel besteht fast nur aus Strand

Baltrum hat einen schönen Badestrand an der Nordseite und viel Natur zu bieten. Im **Gezeitenhaus** (Nr. 177) wird Wissenswertes über das Wattenmeer vermittelt, zudem gibt es einen sieben Kilometer langen Gezeitenlehrpfad. Das **Museum Altes Zollhaus** dokumentiert die Inselhistorie.

Tourist Information ➡ M5
Westdorf 130, 26574 Baltrum
✆ (049 39) 80 28, www.baltrum.de
In der Saison Mo–Do 8.30–16, Fr 8.30–12, Sa 10–12 Uhr

Museum Altes Zollhaus ➡ M5
Westdorf 18, Baltrum
✆ (049 39) 91 06 30
April–Okt. Mo–Sa 10–12 Uhr und auf Anfrage
Eintritt € 3,50/2
Ausstellung zur Geschichte der Insel.

Reederei Baltrum-Linie ➡ M5
Ab Neßmersiel
✆ (049 33) 99 16 06 oder auf Baltrum ✆ (049 39) 913 00
www.baltrum-linie.de
Zwei- bis dreimal täglich Fährverbindung (tidenabhängig).

Langeoog ➡ M6
Die Insel misst etwa zehn Kilometer in der Länge, hat einen 14 Kilometer langen Sandstrand und ist nahezu »autofrei«, nur Rettungsfahrzeuge dürfen fahren. Nach dem Anlegen der Fähre muss aber kein Urlau-

ber seinen Koffer ins einen Kilometer entfernte Dorf schleppen, denn eine kunterbunte **Inselbahn** steht bereit. Gemächlich fährt sie die kurze Strecke bis in den Ortskern, der auf der westlichen Inselseite liegt. Hier wird schon einiges geboten und auch der Strand ist schnell erreicht.

Die Insel kann per Fahrrad erkundet werden, beispielsweise die Ostseite, wo eine **Meierei** ein beliebtes Ausflugsziel darstellt. Dort gibt es zur Erfrischung hausgemachte Dickmilch (Di Ruhetag). Etwa auf halbem Weg passiert man die 20 Meter hohe Aussichtsdüne **Melkhörn**,einen Rundblick sollte sich jeder gönnen. Große Teile der Insel stehen unter Naturschutz, man darf die Wander- und Reitpfade nicht verlassen. Sportliche Urlauber finden u.a. einen eigenen **Sportpalast** am Strand und einen Neun-Loch-Golfplatz am Flughafen. Eine wichtige Sehenswürdigkeit ist das **Schifffahrtsmuseum** mit **Nordsee-Aquarium**. Im **Seemannshus** des Heimatvereins wird die örtliche Geschichte aufgearbeitet, außerdem gibt es eine Sonderausstellung zu **Lale Andersen**. Die Sängerin, die mit dem Lied von Lili Marleen berühmt wurde, lebte lange Zeit auf der Insel und fand auf dem Dünenfriedhof ihre letzte Ruhestätte. Zu ihrem 100. Geburtstag im Jahr 2005 wurde eine lebensgroße Bronzestatue unterhalb vom Wasserturm aufgestellt.

Langhornrinder auf Langeoog

Der charakteristische Wasserturm auf Langeoog, davor das Lale-Andersen-Denkmal

Der weithin sichtbare 33 Meter hohe **Wasserturm** kann auch erklettert werden und bietet einen schönen Inselrundblick (April–Okt. Mo–Fr 10–12 Uhr). Ganz in der Nähe findet eine einzigartige Veranstaltung statt, das **Dünensingen:** Zwischen Ende April und Mitte Oktober treffen sich jeden Dienstagabend (20 Uhr) Urlauber unterhalb vom Wasserturm zum gemeinsamen Singen.

Inselbahn auf Langeoog

Kurverwaltung ➡ M6
Hauptstr. 28, 26465 Langeoog
✆ (049 72) 69 30, www.langeoog.de
Mo–Do 8–12 und 14–16.30, Fr 8–12, Sa/So 10–12 Uhr

Heimatmuseum ➡ M6
Caspar-Döring-Pad, Langeoog
✆ (049 72) 861
In der Saison ab Ostern Di/Mi, Sa/ So 14–16 Uhr
Eintritt frei, Spende erbeten
Im Seemannshus bietet das kleine Museum Inselgeschichte sowie wechselnde Ausstellungen.

Schifffahrtsmuseum ➡ M6
Kurstr. 1, Langeoog
✆ (049 72) 69 32 11
Öffnungszeiten vgl. Website
Exponate zu maritimen Themen, etwa die Zeiten der Großsegler oder Müll im Meer, Schiffsmodelle und Buddelschiffe, zudem ein Modell der Insel aus Lego-Steinen.

Fähre ➡ M6
Ab Bensersiel
✆ (049 72) 69 32 66, www.langeoog.de
Verkehrt vier- bis siebenmal täglich.

6 Spiekeroog ➡ L/M7/8

Spiekeroog ist ruhig. Noch ruhiger als die benachbarten Inseln. Autos verkehren hier überhaupt nicht und auch einen Flughafen gibt es nicht. Selbst Fahrräder sind nicht erwünscht. Es existiert kein einziger Verleih und Urlauber werden dringend gebeten, auch das eigene Rad zu Hause zu lassen. Auf Spiekeroog geht man also zu Fuß. Oder nutzt die einmalige **Pferdebahn.** Die verkehrt auf einer Strecke von 1200 Metern zwischen

Strandleben auf Spiekeroog

Bahnhof und Westend, aber nur in der Zeit zwischen Oster- und Herbstferien.

Etwa zwölf Kilometer misst die Insel, der Strand immerhin fast 15 Kilometer, da aber auch hier große Teile unter Naturschutz stehen, kann man Spiekeroog nur auf ausgewiesenen Wegen erkunden.

Der Ort zeigt sich gemütlich, beschaulich, angenehm dörflich. An Sehenswürdigkeiten bleibt die **Kirche** aus dem Jahr 1696, sie gilt als ältestes Gotteshaus der Ostfriesischen Inseln. Mitten im Ortskern, am Norderloog 1, befindet sich ein kleines **Inselmuseum** mit historischen und naturkundlichen Exponaten. Im Haus des Gastes, das den Namen »Kogge« trägt, befinden sich die Kurverwaltung und das **Kuriose Muschelmuseum.** Letzteres erläutert Herkunft und allerlei Interessantes rund um die Ausstellungsstücke auf humorvolle Art.

Der weitläufige **Badestrand** liegt nur ein paar Gehminuten vom Ort entfernt, die höchste Düne misst hier stolze 24 Meter und wird damit auch als »höchster Berg Ostfrieslands« gefeiert.

Kurverwaltung ➡ L7
Noorderpad 25, 26474 Spiekeroog
✆ (049 76) 919 31 01, www.spiekeroog.de
Mo–Fr 9–12.30 und 14–17, Sa/So 9–12.30 Uhr

Inselmuseum ➡ L7
Norderloog 1, Spiekeroog
✆ (049 76) 256, www.inselmuseum-spiekeroog.de

Oster- bis Herbstferien Di–Sa 15–17.30 Uhr
Eintritt € 2/1
Kleines Museum zu Geschichte und Natur der Insel.

Museumspferdebahn auf Spiekeroog

Kurioses Muschelmuseum ➡ L7
Im Haus des Gastes (»Kogge«), Spiekeroog
✆ (049 76) 919 32 25
Mo–Fr 9–17, Sa/So 9–12.30 Uhr, Eintritt € 1
Im »Museum zum Schmunzeln«, wie die Betreiber es nennen, sind über 3000 Exemplare ausgestellt.

Fährverbindung ➡ M7
Ab Neuharlingersiel
✆ (049 76) 91 93-133, www.spiekeroog.de
Die Fähre legt zwei- bis viermal am Tag ab.

Wangerooge ➡ L8
Die östlichste der Ostfriesinnen kann auf eine lange Tradition als Seebad zurückblicken: Im Jahr 2004 feierten die Insulaner das 200-Jahre-Fest. »Erholung ist eine Insel«, heißt es denn auch auf dem Inselprospekt, und mehr als 100 000 Gäste alljährlich sehen das genauso. Die erreichen die autofreie Insel und erleben sogleich ein liebenswertes Unikum: Vom Fähranleger steigt man nämlich in die **Inselbahn** und tuckert gemütlich in den Ort. Vom dortigen Bahnhof, der seit 1906 fast unverändert blieb, sind es nur wenige Schritte ins Dorfzentrum und zum schönen Badestrand.

Obligatorische Anlaufstation für viele Besucher ist dabei das **Café Pudding,** ein Klassiker an der Strandpromenade. Die Zedeliusstraße führt dorthin und gilt gleichzeitig als die Hauptschlagader des Ortes. Hier stehen noch einige alte Häuser, die das Bombardement des Kriegs überlebt haben, und hier befindet sich auch der Rosengarten mit einem Musikpavillon sowie dem Nationalparkhaus.

Weiße Auster von der Insel Wangerooge

Die Insel misst knapp fünf Quadratkilometer und ist damit die kleinste der Ostfriesischen. Außerhalb des Ortes stehen Teile unter Naturschutz. Den schönsten Blick über Wangerooge genießt man vom 39 Meter hohen **Alten Leuchtturm** neben dem Bahnhof, untergebracht ist dort das **Heimatmuseum.** Auch der andere Turm, der Westturm, wurde im Jahr 1933 gebaut, dort befindet sich heute die Jugendherberge.

Tourist Information ➡ L8
Obere Strandpromenade 3, 26486 Wangerooge
✆ (044 69) 990, www.wangerooge.de
Mo–Fr 9–16, Sa/So 9–13 Uhr
Nebenstelle: Zedeliusstr. 34, Mo–Fr 9–17, Sa 9–13 Uhr

Heimatmuseum im Alten Leuchtturm ➡ L8
Zedeliusstr. 3, Wangerooge
✆ (044 69) 8324, www.leuchtturm-wangerooge.de
Mo–Do 10–13,14–17, Fr–So 10–12,14–17 Uhr
Eintritt € 3/1,50
Rund 900 Exponate zur Geschichte Wangerooges.

Café Pudding ➡ L8
Zedeliusstr. 49, Wangerooge
✆ (044 69) 220
Ab Mitte März tägl. außer Mo ab 11 Uhr
Klassiker in bester Lage mit tadellosem Meerblick. €–€€

Schifffahrt und Inselbahn Wangerooge ➡ M8
Ab Harlesiel
✆ (044 64) 94 94 11 oder auf der Insel ✆ (044 69) 94 74 11
www.siw-wangerooge.de
Bis zu vier Abfahrten täglich.

Café Pudding auf Wangerooge

Schier unendliche Weite am Strand der Schleswig-Holsteinischen Nordseeküste

Schleswig-Holsteinische Nordseeküste

Nicht einmal 200 Kilometer Luftlinie misst sie, die Nordseeküste des nördlichsten Bundeslands. Dennoch lässt sie sich geografisch und kulturell in drei Regionen unterteilen. Im Süden zwischen den Flüssen Eider und Elbe liegt **Dithmarschen.** Ein von kräftigem Marschboden geprägtes Fleckchen Erde, das von eigenwilligen Bauern seit Generationen beackert wird. Hier wird Kohl angepflanzt, und zwar so viel wie sonst nirgends in Europa. Dithmarschen blieb über die Jahrhunderte hinweg ländlich geprägt, die größte Stadt zählt gerade mal 20 000 Einwohner.

Nördlich der Eider schiebt sich die Halbinsel **Eiderstedt** ins Meer. Hier liegt mit **St. Peter-Ording** der größte Ferienort der Küste und hier rollt sich auch der längste und vor allem breiteste Strand aus.

Bis zur dänischen Grenze erstreckt sich dann **Nordfriesland.** Knapp 160 000 Menschen leben dort, ein knappes Viertel davon auf den Inseln und Halligen. Einst Bestandteil des Festlands wurde diese einzigartige Insel- und Halligenwelt durch fürchterliche Sturmfluten geschaffen, die die Küste zerrissen. Die großen Inseln Föhr, Amrum und Sylt zählen heute zu den wichtigsten Urlaubsregionen im Land. In großen Teilen Nordfrieslands wird immer noch eine eigenständige Sprache, Friesisch, gesprochen. Engagierte Bewohner versuchen Sprache und Kultur ins 21. Jahrhundert hinüberzuretten; so werden u. a. traditionelle Volksfeste wie das Biikebrennen (21. Februar) mit viel Enthusiasmus gefeiert.

Imposant: Kreuzfahrtschiff in Brunsbüttel

Brunsbüttel ➡ K15
Brunsbüttel ist eine Kleinstadt, die heute von den gewaltigen Schleusen des **Nord-Ostsee-Kanals** geprägt wird, der hier in die Nordsee mündet. Der 99 Kilometer lange Kanal wurde 1895 feierlich eröffnet, nachdem Tausende von Arbeitern sich acht Jahre lang buchstäblich quer durchs Land gebuddelt hatten. Die **Kanalschleusen** sind nach wie vor die größte Attraktion, vor allem wenn sich eines der größeren Kreuzfahrtschiffe in die Schleusenkammer schiebt.

Auf dem Schleusengelände zeigt ein interessantes **Museum** anhand von maßstabsgerechten Modellen die Arbeitsweise der Schleusen. Historische Fotos und Schiffsmodelle runden das Bild ab. Unter ✆ (048 52) 88 51 22 (Mai–Sept.) und www.nok-sh.de erfährt man, wann ein richtig »dicker Pott« im Kanal erwartet wird.

Der alte Kern von Brunsbüttel liegt etwas entfernt vom Kanal rund um die **Jacobuskirche.**

Diese wurde 1678 am Marktplatz erbaut, brannte nach einem Blitzschlag 1719 aber völlig aus, woraufhin die heutige erbaut wurde. Einige historische Häuser in ihrer direkten Nähe sind noch erhalten, auch das **Heimatmuseum** ist hier zu finden.

ℹ Tourist Information ➡ K15
Gustav-Meyer-Platz 2, 25541 Brunsbüttel
✆ (048 52) 39 11 86, www.brunsbuettel.de
Mo–Fr 10–17 Uhr

Weltberühmte Abkürzung

Nord-Ostsee-Kanal

Schleswig-Holstein

Riesige Luxusliner und Containerschiffe im Schneckentempo locken jedes Jahr Tausende Menschen an die Ufer des Nord-Ostsee-Kanals zwischen Nordsee und Kieler Förde. Zeit ist bekanntlich Geld und Feldherren, Herzöge und Könige zerbrachen sich deshalb jahrhundertelang immer wieder den Kopf darüber, wie sich der lange Weg zwischen Nord- und Ostsee an der stürmischen Nordspitze Dänemarks vorbei am besten abkürzen ließe. Kaiser Wilhelm II. gelang schließlich das Kunststück: 1895 wurde die beinahe 100 Kilometer lange Verbindung zwischen Brunsbüttel und Kiel feierlich eröffnet. Bei der Planung hatte der Kaiser sicherlich weniger Luxusurlauber als vielmehr handfeste wirtschaftliche und militärische Vorteile im Auge. Dass das Jahrhundertprojekt durchaus seinen Sinn hatte, war schnell klar. Bis heute ist der Kanal eine der meistbefahrenen künstlichen Wasserstraßen der Welt und damit eine logistische Herausforderung. 2016 passierten ca. 29000 Schiffe den Kanal mit einer Ladung von über 80 Millionen Tonnen.

Die Schleuse Kiel-Holtenau ist gewissermaßen die Eingangspforte zur Ostsee, die Schleuse Brunsbüttel das Tor zur Nordsee. Acht Straßen und vier Eisenbahnlinien überqueren den Nord-Ostsee-Kanal auf insgesamt zehn Brücken, zahlreiche Fahrzeug- und eine Personenfähre ermöglichen den Transport auf die andere Seite. Alle Brücken haben die gleiche Durchfahrtshöhe von 42 Metern, weil der Kanal auf die Linienschiffe der kaiserlichen Marine ausgelegt wurde.

Wahrlich kaiserlich sind auch heute noch die Luxusschiffe, die neben den Frachtern den Kanal durchqueren. Majestätisch schieben sich an die 100 Passagierschiffe pro Jahr durch die grüne, flache Wiesenlandschaft, glänzend weiß bei Tag und strahlend erleuchtet bei Nacht. Wer sie möglichst nah vor die Linse bekommen möchte, der sollte sich zum Aussichtspunkt an der Grünentaler Hochbrücke, Kanalkilometer 1,11, begeben. Auch die Aussichtsplattform an den Kieler Kanalschleusen bietet spannende Technik im Einsatz, zusammen mit Schautafeln und manchmal auch Erläuterungen von kundigen Kanalfans vor Ort.

Rendsburg, die wichtigste Hafenstadt im Verlauf des Kanals, besitzt einen Straßen- und Fußgängertunnel unter dem Nord-Ostsee-Kanal. Bekannt ist die Stadt aber vor allem wegen ihrer Eisenbahnhochbrücke mit der darunter hängenden Schwebefähre. Die Stahlkonstruktion aus dem Jahr 1911 ist das Wahrzeichen Rendsburgs. Das »Anhängsel« der Hochbrücke, die sogenannte Schwebefähre, ist an Seilen befestigt und transportiert Fußgänger und Fahrzeuge über den Kanal.

Info: Rendsburg liegt 37 km westlich von Kiel. **Info Rendsburg und Kanal:** Touristische Arbeitsgemeinschaft Nord-Ostsee-Kanal, Altstädter Markt 1–5, 24768 Rendsburg, Tel. (043 31) 696 38 44, www.nok-sh.de.

Heute nicht mehr wegzudenken: der Nord-Ostsee-Kanal.

Heimatmuseum ➡ K15
Markt 4, Brunsbüttel
✆ (048 52) 72 12
März–Nov. Do, Sa/So 14.30–17.30 Uhr, Eintritt frei
Im Museum sind die Entstehungsgeschichte der Stadt sowie deren Entwicklung beim Kanalbau mit zahlreichen Exponaten dokumentiert. Außerdem können Schiffsmodelle sowie historische Wohn- und Arbeitsräume bestaunt werden. Besonders interessant ist der ehemalige Klubraum der Kaphoorniers, das sind Seeleute, die auf einem Frachtsegler Kap Hoorn umrundet haben.

Schleusenmuseum ➡ K15
Auf dem Schleusengelände
Gustav-Meyer-Platz, Brunsbüttel
✆ (048 52) 88 50
Mitte März–Ende Okt. tägl. 10.30–17 Uhr
Eintritt € 3/1
Ausstellung zu Schifffahrt und Historie des Kanalbaus.

Freibad Ulitzhörn ➡ K15
Brunsbüttel
✆ (048 52) 22 08
Ende Mai bis Anfang Sept.

Schafe weiden auf dem Deich von Brunsbüttel

Nachbau der Jakobuskirche aus dem 17. Jahrhundert

Das Freibad ist beheizt. Mit Sicht auf die dicken Pötte im Nord-Ostsee-Kanal.

Zum Yachthafen ➡ K15
Schleusenstr. 17, Brunsbüttel
✆ (048 52) 23 06
Tägl. ab 11 Uhr, in der Nebensaison Mo/Di geschl. Liegt unweit der Schleuse direkt am Kanal. Famoser Blick auf die vorbeituckernden Schiffe. €–€€

Watt-Olümpiade ➡ K15
www.wattoluempia.de
Eine Spaßveranstaltung, bei der Freizeitsportler im Schlickwatt vor dem Deich in mehreren Disziplinen antreten: Wattfußball, Watthandball oder Schlickschlittenrennen. Der Erlös geht an die Krebshilfe.

Fähre ➡ K15
Per Fähre einmal über den Kanal setzen ist zwar nicht übermäßig spannend, aber kostenlos. Auf der anderen Seite dann direkt am Kanal entlangradeln und irgendwann mit einer der 14 Fähren erneut übersetzen und zurück.

Friedrichskoog ➡ J13/14
Ein kleiner Ort von kaum 3000 Einwohnern, der sich zweigeteilt und erstaunlich langgezogen zeigt. Zum einen wäre da der **Hafen**, allerdings mittlerweile ohne Krabbenkutter, denn der Hafen ist geschlossen und soll umgestaltet werden. In der Nähe des Hafens liegt auch

Der Spiel-Wal bietet Abwechslung für Groß und Klein

die weithin bekannte und in Schleswig-Holstein einzigartige **Seehundstation,** die aufgefundene »Heuler« aufnimmt und pflegt. Die vom Muttertier verlassenen Jungtiere werden hier aufgepäppelt und dann wieder auf den Sandbänken ausgesetzt. Die touristische Attraktion liegt aber bei den ständig hier lebenden ausgewachsenen Seehunden, die voller Elan durch das Schaubecken toben. Schauräume informieren den Besucher zudem über Lebensraum und Gefährdung dieser possierlichen Nordseebewohner.

Der touristische Bereich mit Ferienwohnungen, Lokalen und kleinen Shops liegt vier Kilometer weiter entfernt in »Friedrichskoog-Spitze«. Einen Sandstrand gibt es auch hier nicht, aber einen sanft abfallenden Deich mit breitem Deichvorland. Dort stehen den Gästen Strandkörbe und Duschen zur Verfügung.

Tourist Information ➡ J13
Koogstr. 141, 25718 Friedrichskoog
✆ (048 54) 90 49 40, www.friedrichskoog.de
Mitte März–Ende Okt. Mo–Sa 10–13 und 15–17, So 10–16, sonst Mo–Fr 9–17 Uhr

Schutzstation Wattenmeer ➡ J14
Koogstr. 141, Friedrichskoog
✆ (048 54) 92 98
Hier können regelmäßig geführte Wattwanderungen gebucht werden. Ein »Muss« für jeden Besucher.

Seehundstation ➡ J14
An der Seeschleuse 4 (beim Hafen), Friedrichskoog
✆ (048 54) 13 72
www.seehundstation-friedrichskoog.de
Tägl. April–Okt. 10–18, sonst 10–16 Uhr, Eintritt € 7/5 (2–16 J.), während der aktuellen Umbaumaßnahmen keine Fütterung und Eintritt frei
Neben der Möglichkeit zur Beobachtung der Seehunde erfährt man durch Schautafeln viel Wissenswertes über die Meeressäuger und ihren Lebensraum.

Indoor-Spiel-Wal ➡ J14
Am Hafen 10, Friedrichskoog
✆ (048 54) 909 82 31, www.wal-friedrichskoog.de
Mo–Fr 14–19, Sa/So 11–19, in den Ferien tägl. 11–19 Uhr, Eintritt € 6,90/8,90, bis 2 J. frei
Das Spieleparadies in Form eines Wals bietet eine breite Palette an Sport- und Spielmöglichkeiten.

Fisch Delikatessen Urthel ➡ J14
Hafenstr. 71, Friedrichskoog
✆ (048 54) 291
Das auffällige Gebäude erinnert an einen Bootskörper; geboten werden Fisch und Meeresfrüchte. €

Zur Ebbe im Wattenmeer

Ausflugsziele:

Marne ➡ K14
Der 6000-Einwohner-Ort liegt keine 10 km im Hinterland. Hier geht es ziemlich geruhsam zu, vor allem in den Fußgängerzonen rund um die Maria-Magdalenen-Kirche mit ihrem hoch aufragenden Turm. Aber einmal im Jahr, da lässt man es in Marne so richtig krachen, nämlich am Rosenmontag. Kaum zu glauben, aber wahr: Die ruhigen Dithmarscher organisieren seit vielen Jahren einen stimmungsvollen **Karnevalsumzug**.

Draisine ➡ K14
Bahnhofstr. 26, 25693 St. Michaelisdonn
✆ (048 53) 80 73 05, www.marschenbahn-draisine.de
Zwischen Marne und St. Michaelisdonn kann man auf einer 7,5 km langen ehemaligen Bahnstrecke per Pedalkraft eine Draisine bewegen.

Büsum ➡ H14
Seit 1837 sonnen sich die Urlauber im Nordseebad Büsum, einem der beliebtesten Urlaubsorte an der Westküste. Die meisten Gäste genießen die Sonne am 3,5 Kilometer langen »grünen Strand«, wie der sanft abfallende Deich auch genannt wird, der zudem unlängst generalüberholt und verschönert wurde. Daneben gibt es die »Familienlagune Perlebucht«, ein Freizeit- und Badeareal mit Seebrücke, Spielgeräten für Kinder und Sportflächen, zwei tidenunabhängige Wasserflächen und einen Dünenstreifen.

Fischer in Büsum

Neuer Büsumer Hauptstrand

Touristisches Zentrum ist der **Hafen,** von wo Ausflugsdampfer täglich in See stechen, sowie der Fußgängerbereich bei der Alleestraße. Dort locken Lokale, Eisdielen und diverse Shops zum Verweilen. Ruhiger geht es bei der hübschen **St.-Clemens-Kirche** zu.

Am alten Hafen befindet sich das Spaß- und Erlebnisbad **Piraten Meer**.

Etwas außerhalb, in der Nähe vom Großparkplatz P1, liegt das **Freilicht-Deichmuseum**, das historische Deichprofile zeigt.

Tourist Information ➡ H14
Südstrand 11, 25761 Büsum
✆ (048 34) 909-114
✆ (048 34) 909-110 (Zimmervermittlung)
www.buesum.de

Museum am Meer ➡ H14
Am Fischereihafen 19, Büsum
✆ (048 34) 67 34, www.museum-am-meer.de
März–Mitte Nov. und 26. Dez.–13. Jan. Mo–Fr 11–17, Sa 13–17, So 11–17 Uhr, Eintritt € 3/1,50
Das harte Leben der Krabbenfischer und die Entwicklung Büsums zum Seebad werden dokumentiert.

Erlebnisbad Piraten Meer ➡ H14
Südstrand, Büsum

Wasserkante und Büsumer Wattenmeer

✆ (048 34) 90 91 33, www.piraten-meer.de
Bis Sommer 2021 wegen Umbauarbeiten geschl.
Das Bad wird heller, moderner und barrierearm. Von der Dachterrasse im Saunabereich geht der Blick aufs Wattenmeer.

Reederei Adler-Eils ➡ H14
✆ (048 34) 36 12, www.adler-eils.de
Mit der MS »Lady von Büsum« und der MS »Funny Girl« geht es nach Helgoland, wo die Besucher 3–4 Std. Aufenthalt haben.

Kolles Alter Muschelsaal ➡ H14
Hafenstr. 27, Büsum
✆ (048 34) 24 40
Fisch dominiert die Speisekarte dieses altehrwürdigen Lokals, dessen Wandschmuck aus gesammelten Muscheln besteht. €€

Wattwanderungen ➡ H14
Achtern Diek 43, 25761 Büsumer Deichhausen
www.watterleben.de/buesum
Preis € 9/3
Infos und Termine zu zweistündigen geführten Wattwanderungen auf der Website.

Ausflugsziele:

Heide ➜ G15

Diese mit 21 000 Einwohnern größte Stadt Dithmarschens liegt 20 km nordöstlich von Büsum. Auf dem größten Marktplatz von Schleswig-Holstein (knappe 5 ha) wird seit über 500 Jahren jeden Samstag ein Wochenmarkt abgehalten. Außerdem findet in allen ungraden Jahren am ersten Juli-Wochenende ein mittelalterliches Volksfest statt, der »Heider Marktfrieden«.

Interessant ist auch die **Museumsinsel Lüttenheid** mit dem Klaus-Groth-Museum, zu dem Abteilungen zur Ortsgeschichte und zum Handwerk und das Geburtshaus des niederdeutschen Schriftstellers gehören.

Meldorf ➜ H15

Meldorf wird auch Domstadt genannt wegen seines wuchtigen Kirchenbaus. Die St.-Johannis-Kirche wurde im 17. Jh. erbaut, und obwohl sie niemals Bischofskirche war, ist sie allgemein als Dom bekannt. Nicht weit entfernt liegt das **Dithmarscher Landesmuseum**, das älteste und zugleich größte seiner Art im Land (Di–Fr 11–16.30, So 11–16 Uhr, Eintritt € 5/3). Neben vielen historischen Ereignissen vor allem aus der Bauernrepublik (12.–15. Jh.) sind hier auch Exponate des 20. Jh. detailgetreu dargestellt.

Im **Meldorfer Dom** finden im Sommer alljährlich Konzerte im Rahmen des Schleswig-Holstein-Musikfestivals statt.

Die ganze Pracht einer unabhängigen Bauernrepublik: Backsteingotik im Meldorfer Dom

St. Peter-Ording ➡ F/G12/13

St. Peter-Ording ist das Strandparadies der nördlichen Westküste. SPO, wie der Ort gemeinhin abgekürzt wird, besteht tatsächlich aus vier recht unterschiedlichen Ortsteilen: Ording, Bad, Dorf und Böhl. Verbindendes Element ist der sagenhafte 7 **Sandstrand**, der sich über zwölf Kilometer Länge erstreckt und stellenweise 2000 Meter breit ist.

Bei so viel Breite kann der Weg zum Wasser schon einmal lang werden, deshalb dürfen die Urlauber auch an bestimmten Stellen mit dem Auto an den Strand fahren. An einigen Strandabschnitten stehen Pfahlbauten. Diese Gastronomiebetriebe ruhen auf mächtigen Holzpfählen. Spätestens bei Flut weiß man, warum das so ist und auch warum vorsichtige Autofahrer nicht zu weit auf den Strand fahren. Neben den Urlaubern kommen an schönen Tagen auch viele Tagesgäste, dennoch wird es am Strand nicht drängelig, aber leider an den wenigen Zufahrtsstraßen.

Der schönste und urigste Ortsteil von St. Peter ist zweifelsohne **Dorf**. Hier stehen noch viele kleine, teilweise reetgedeckte Häuser. Etliche Lokale und kleine Geschäfte werben um Kundschaft, alles wirkt ruhig und gemütlich. Direkt neben der um 1200 erbauten **Kirche St. Peter** wurde das **Museum Eiderstedt** in einem historischen Reetdachhaus aus dem Jahr 1752 untergebracht.

Früher stand in jedem Dorf ein Backhaus, ehrenamtliche Helfer haben diese Tradition in St. Peter-Ording wiederbelebt. Zu bestimmten Terminen wird im **Backhus** Brot gebacken und verkauft (Zum Südstrand).

Erlebnis-Promenade im Ortsteil Bad

Highlights im platten Land

St. Peter-Ording und die Halbinsel Eiderstedt

St. Peter-Ording, Schleswig-Holstein

Südwestlich von Husum ragt die Halbinsel Eiderstedt wie eine große Nase ins Wattenmeer. An ihrer westlichen Seite liegt die Kurstadt St. Peter-Ording, eine kleine Stadt mit einem großen und großartigen Sandstrand. Die gesamte Halbinsel bietet den Gästen Nordsee-Erleben in Perfektion: grüne Marsch- und Kooglandschaft, kleine maritim geprägte, gemütliche Städte und Dörfer, riesige Bauernhöfe, Strände und Wattenmeer. Die herrliche Landschaft eignet sich bestens für eine ausgedehnte Fahrradtour – auch, wenn es manchmal ein wenig windig sein kann.

Sehenswert ist der »Rote Haubarg«, ein für die Region typischer Bauernhof aus dem 17. Jahrhundert: 750 Quadratmeter groß und satte 23 Meter hoch findet sich hier alles unter einem Dach! Überragt wird er nur noch von den vielen Kirchtürmen und dem Westerhever Leuchtturm, dem bekanntesten seiner Art in Deutschland. Ein kleines Museum informiert über die Geschichte des Hofes.

Sehenswerte Städte sind Garding – mit dem Geburtshaus Theodor Mommsens – und Tönning mit den reizvollen Giebelhäusern und der Laurentiuskirche von 1220. Ein Muss ist das große Eidersperrwerk, das die Region vor Sturmfluten schützt; noch ein Muss: eine Wattwanderung im Nationalpark Wattenmeer.

St. Peter-Ording ist das größte Nordseebad Schleswig-Holsteins. Die ursprünglich vier Orte sind vor allem bei Kurgästen, Strandseglern, Wind- und Kitesurfern beliebt. Der Hauptgrund – neben der Schwefelquelle – liegt in dem zwölf Kilometer langen Sandstrand mit seinen Pfahlbauten und den fantastischen Dünen.

Aber auch im modernen, durch zahlreiche Restaurants und Boutiquen geprägten Ortsbild gibt es Highlights: Das Eiderstedter Heimatmuseum im alten Ortskern St.-Peter-Dorf, untergebracht in einem nordfriesischen Bauernhaus, informiert über Deichbau, Schifffahrt, Fischerei und Handwerk.

Pfahlbaurestaurants am Strand von St. Peter-Ording.

Darüber hinaus lohnen das Bernsteinmuseum und für Aktive der Hoch- und Niederseilgarten. Kinder zieht es in den Westküstenpark und das Kinderspielhaus.

Info: St. Peter-Ording liegt ca. 88 km südwestlich von Flensburg. **Info Eiderstedt:** Tourismus Information Garding, Markt 26, 25836 Garding, Tel. (048 62) 469, www.tz-eiderstedt.de. **Info St. Peter-Ording:** Tourist Information, Badallee 1, 25826 St. Peter-Ording, Tel. (048 63) 99 90, www.st-peter-ording.de.

Reetdachhaus in St. Peter-Ording

In **St. Peter-Bad** ➡ F12 liegt das touristische Zentrum mit einer Reihe von teilweise hervorragenden Hotels, vielen Lokalen, Shops, dem Kurzentrum und dem Meerwasserschwimmbad inklusive einer Saunalandschaft.

Der südlich gelegene Ortsteil **Böhl** ➡ F12 beherbergt u. a. drei Campingplätze und den Golfplatz. Der nördlichste Ortsteil, **Ording** ➡ F12, zeigt sich ebenfalls sehr ruhig mit etlichen schönen Unterkünften. Beliebt ist Ording wegen der guten Zufahrt zum Strand auch bei den vielen Tagesgästen.

Tourist Information ➡ F12
Badallee 1, 25826 St. Peter-Ording
✆ (048 63) 999-0 (Zentrale)
✆ 999-155 (Zimmervermittlung)
www.st.peter-ording.de
Mo–Fr 9–17, Sa/So 10–16 Uhr
Im Ortsteil Bad in der Dünen-Therme gibt es eine Außenstelle.

Museum Eiderstedt ➡ F12
Olsdorfer Str. 6, St. Peter-Ording, Ortsteil Dorf
✆ (048 63) 12 26
www.museum-landschaft-eiderstedt.de
Tägl. außer Mo April–Okt. 10–17, Nov.–März 11–16 Uhr
Eintritt € 5/1
Museum zu Leben, Kultur und Geschichte der Halbinsel.

St.-Nikolai-Kirche ➡ F12
St. Peter-Ording, Ortsteil Ording

Die schlichte Kirche wurde 1724 erbaut und 1960 generalüberholt. Ihr Stil wird mit »zurückhaltendem norddeutschen Barock« charakterisiert. Der Schnitzaltar stammt aus dem 15. Jh.

Westküstenpark ➡ F12
Wohldweg 2, St. Peter-Ording, Ortsteil Böhl
✆ (048 63) 30 44, www.westkuestenpark.de
April–Okt. tägl. 9.30–17 Uhr
Eintritt € 11/7,50 (3–15 Jahre)
Im Haus- und Wildtierpark leben über 800 Tiere, viele davon in Streichelgehegen. Im Robbarium tollen Seehunde in einem gut 1000 m^2 großen Becken herum.

Strandbar 54° Nord ➡ F12
An der Badestelle Ording
✆ (048 63) 47 81 75, tägl. ab 11.30 Uhr
Eines der urigen Lokale, die direkt am Strand auf etwa 5 m hohen Pfählen stehen. Weitere am Strand von Bad und in Böhl. €€

Ausflugsziele:

Museum Haus Peters ➡ F13
Dörpstraat 16, Tetenbüll
✆ (048 62) 681, www.hauspeters.info

Pfahlbau am Ordinger Sandstrand

Juni–Sept. tägl. außer Mo 11–18 Uhr, sonst kürzer
Eintritt frei

Das Dorf liegt nahezu mittig auf der Halbinsel Eiderstedt, unweit vom größeren Ort Garding. Direkt im Ort, gegenüber der Kirche, steht das Haus Peters mit der Einrichtung eines Kaufmannsladens aus dem Jahr 1820. Bis heute hat sich an dem Originalzustand kaum etwas geändert.

Leuchtturm Westerhever ➡ F12

Anmeldung unter ✆ (048 65) 12 06 oder im Info-Hus, Ahndelweg 4, Westerhever, dort gibt es auch die Tickets. Führungen Ostern–Ende Okt. Mo, Mi, Sa 10–16 Uhr zur vollen Stunde, Eintritt € 6/3

Einer der meistfotografierten Leuchttürme der Küste. Selbst für Werbeaufnahmen wurde der von zwei Häuschen flankierte rot-weiße Turm schon genutzt. Erbaut im Jahr 1906 schickte er über 70 Jahre lang sein Licht aufs Meer, bis er 1979 abgeschaltet wurde.

Roter Haubarg ➡ E14

In Witzwort liegt eines der berühmtesten der für Eiderstedt typischen Bauernhäuser, Haubarg genannt. Dieses mächtige Haus, ein Ständerbau mit tief heruntergezogenem Reetdach, ist das größte seiner Art weit

Trendvergnügen: Strandsegler

Der Leuchtturm Westerheversand, Wahrzeichen der Eiderstedt-Halbinsel

und breit. Heute befinden sich hier ein Lokal sowie eine Ausstellung mit landwirtschaftlichen Geräten. Wer verwirrt ist, weil er vor einem weißen Haus steht: Das »Rot« bezog sich bei der Namensgebung auf die nicht mehr vorhandenen roten Dachziegel.

Eidersperrwerk ➔ G13/14
Südlich der Halbinsel Eiderstedt ergießt sich die Eider in die Nordsee. Zu früheren Zeiten war der Fluss tidenabhängig – das bedeutete nicht nur, dass er bei Ebbe kaum Wasser führte, sondern auch, dass bei jeder Sturmflut gewaltige Mengen Wasser in die Mündung gedrückt wurden, was zu Überschwemmungen auch von weit ab von der Nordsee liegenden Ortschaften führte.

Nach der großen Sturmflut von 1962 wurde der Küstenschutz neu organisiert. Alle wichtigen tidenabhängigen Flüsse, so auch die Eider, erhielten ein Sperrtor. Droht eine Sturmflut, wird es geschlossen, und so werden die Niederungen vor Überschwemmungen geschützt. Der Komplex an der breiten Eidermündung mit den riesigen Hubtoren, den verbreiterten Deichen und der neuen Zufahrtsstraße wurde 1973 eingeweiht.

Katinger Watt ➔ F/G13/14
Lina-Hähnle-Haus, Katingsiel 13
✆ (048 62) 80 04, April–Okt. tägl. 10–18 Uhr
Durch den Bau des Eidersperrwerks wurde das Katinger Watt mitsamt Vorland eingedeicht. So konnte sich das Gebiet zu einem eigenständigen Naturraum mit Feuchtwiesen und geschützten Grünflächen entwickeln. Sehr schnell wurde das Reservat ein Rückzugsgebiet für viele Vogelarten. Ein Infozentrum und Beobachtungshütten bieten vertiefende Einblicke.

Im Jachthafen von Tönning

Schankwirtschaft Andresen ➡ F13
Katingsiel 4, 25832 Tönning
✆ (048 62) 370
April–Okt. tägl. außer Mo 12–22, Nov.–März Sa/So 12–22 Uhr
In der Nähe des Eidersperrwerks liegt das urige Lokal in einem über 200 Jahre alten Reetdachhaus. Spezialität: Eiergrog. €€

Tönning ➡ F14
Lange Zeit war Tönning der wichtigste Ort auf Eiderstedt, Grund: sein Hafen an der Eider. Die goldenen Jahre sind zwar längst vorbei, aber auch so kann Tönning sich heute eine anständige Scheibe vom touristischen Kuchen abschneiden. Dazu trägt in erster Linie das landesweit beworbene **Multimar Wattforum** bei. Hier werden die Besucher aktiv handelnd mit den Geheimnissen des Wattenmeers vertraut gemacht.

Einmal ums Eck erreicht man den Hafen, an dem das alte **Packhaus** aus dem Jahr 1783 vom alten Glanz zeugt. Hier wurden Waren aus fernen Ländern zwischengelagert. Entlang der Hafenmeile liegen buchstäblich hinter dem Deich auch einige nette Lokale. Im Ortskern steht am Marktplatz die **St.-Laurentius-Kirche** mit dem höchsten Glockenturm von Eiderstedt (62 m).

Tourist Information ➡ F14
Am Markt 2, 25832 Tönning
✆ (048 61) 614-20, www.toenning.de
Mo–Fr 9–17, Sa 10–12, in den Ferien Sa 10–14 Uhr

Multimar Wattforum ➡ F14
Dithmarscher Str. 6 A, Tönning

✆ (048 61) 962 00, www.mutimar-wattforum.de
April–Okt. tägl. 9–18, sonst 10–17 Uhr
Eintritt € 9/6 (4–15 J.)
Beeindruckende Ausstellung zum Wattenmeer und seinen Bewohnern. Hier kann man nicht nur Fische, Quallen und Krebse, sondern die gesamte Lebenswelt der Nordsee bestaunen. An verschiedenen Stationen wird der Besucher animiert, vertiefende Informationen zu recherchieren. In einem Nebengebäude ist das Skelett eines 18 m langen Pottwals ausgestellt.

Godewind ➡ F14
Am Hafen 23, Tönning
✆ (048 61) 66 00, tägl. ab 11.30 Uhr
Ausgezeichnete Fischküche, die man auf der kleinen, netten Terrasse mit Blick zum Hafen genießen kann. €€

Zu den Seehundbänken ➡ F14
Tönning/Außenhafen
✆ (046 51) 987 08 88, www.adler-schiffe.de
Touren mit der »Adler II« entlang der Eider zu den Seehundbänken und durch die Schleusen des Eidersperrwerks, inklusive Krabbenfang.

Schon einige Male wurde Tönning von Sturmfluten heimgesucht

Friedrichstadt ➡ F15
Bei der Frage nach der schönsten Stadt in Schleswig-Holstein liegt das Örtchen Friedrichstadt immer ganz weit vorn – völlig zu Recht! 1621 gründeten Holländer den Ort, deshalb trägt Friedrichstadt auch den Beinamen »Holländerstadt«. Die Einwanderer gehörten zur Gemeinschaft der Remonstranten, die wegen ihres Glaubens in Holland verfolgt wurden und fliehen mussten. Der damalige Herrscher Herzog Friedrich III. bot ihnen religiöse Freiheit und konnte die Holländer so zur Übersiedlung nach Norddeutschland bewegen.

Die Zuzügler erbauten einen Ort ganz nach holländischem Vorbild. So entstand ein bezauberndes Städtchen mit rechtwinklig angelegten Straßen, kleinen Grachten und Häusern mit Treppengiebeln. Die religiöse Toleranz zog in späteren Jahrzehnten weitere Glaubensgemeinschaften an, und so gilt noch heute der Ausspruch, in Friedrichstadt gebe es »13 Brücken, 13 Grachten und 13 Religionen«. Auch über die verschiedenen Glaubensrichtungen erfährt der Besucher etwas.

Rings um den **Marktplatz** stehen sehr fotogen neun Giebelhäuser, aber auch in allen angrenzenden Straßen finden sich ähnlich attraktive Gebäude. Vor nahezu allen stehen Gartenbänke, auf denen die Bewohner das Verrinnen der Zeit beobachten. Schaut man genau

Leben in den Grachten von Friedrichstadt

Durch die Grachten Holsteins

FRIEDRICHSTADT

Friedrichstadt, Schleswig-Holstein

Friedrichstadt, eine der jüngsten Städte Schleswig-Holsteins, beeindruckt mit einem niederländisch-barocken Stadtbild – inklusive Grachten. Herzog Friedrich III. von Schleswig-Gottorf wollte im 17. Jahrhundert hier, am Zusammenfluss von Treene und Eider, eine Hafenstadt gründen, um seine Handelsbeziehungen in Europa zu intensivieren. Dafür holte er gut betuchte Glaubensflüchtlinge (vor allem Mennoniten und Remonstranten) aus den Niederlanden heran, denen er hier Religionsfreiheit zusicherte. Und so entstand ein kleiner holländischer Außenposten mit Grachten und einem im Schachbrettmuster angelegten Straßensystem. Daher existieren auch im heutigen Friedrichstadt fünf verschiedene Glaubensgemeinschaften: Remonstranten, Lutheraner, Mennoniten, Katholiken und dänische Lutheraner. Sehenswert ist die Remonstrantenkirche – die einzige außerhalb Hollands. Noch heute wird ihre Gemeinde von einem niederländischen Pastor betreut.

Zwar entwickelte sich Friedrichstadt letztlich doch nicht zu einer reichen Handelsstadt, aber Spuren einer großen Zeit finden sich dennoch. So stehen am Markt sechs zusammenhängende Kaufmannshäuser mit eindrucksvollen Treppengiebelfassaden.

Das prächtigste Haus ist aber das Paludanushaus von 1637. Der Bau am Ostersielzug beeindruckt mit einem frühbarocken Stufengiebel und einer prachtvoll geschnitzten Rokokotür. Heute dient es als Versammlungshaus der dänischen Gemeinschaft.

Wer in die Vergangenheit der Handwerkskunst eintauchen möchte, kann auch dem Tischlereimuseum Jacob Hansen einen Besuch abstatten. Die original erhaltene Werkstatt in der Ostermarktstraße, nahe dem Marktplatz, wurde 1876 gegründet.

Giebelhäuser am Marktplatz in der »Holländerstadt« Friedrichstadt.

Sehr schön ist auch die Alte Münze am Mittelburgwall, für den Statthalter Adolf van Wael erbaut. Heute informiert hier auf drei Etagen ein Museum über die Stadtgeschichte. Ein Anbau der Alten Münze wird seit 1708 von der Mennonitengemeinde als Kirche genutzt.

In der Nähe befindet sich der Mittelburggraben – die Trennlinie zwischen der alten Vorderstadt und der neueren Hinterstadt – mit einer imposanten Granitsteinbrücke. Wer in Friedrichstadt weilt, sollte unbedingt eine Grachtenfahrt unternehmen.

INFO: Friedrichstadt liegt ca. 80 km westlich von Kiel. **INFO FRIEDRICHSTADT:** Tourist Information, Am Markt 9, 25840 Friedrichstadt, Tel. (048 81) 93 93-0, www.friedrichstadt.de.

Der sogenannte Malerwinkel

hin, kann man an vielen Haustüren noch sogenannte Hausmarken entdecken. Diese kleinen Schilder weisen auf den jeweiligen Hausbesitzer hin.

Besonders schöne Häuser sind in der **Prinzenstraße** zu finden, so das Paludanushaus (Hausnummer 28) aus dem Jahr 1637 und gegenüber ein Doppelgiebelhaus aus dem Jahr 1624. Am Fürstenburgwall 11 steht das sogenannte Fünfgiebelhaus aus dem Jahr 1621. Im **Museum Alte Münze** wird diese einmalige Stadtgeschichte dokumentiert.

Tourist Information ➡ F15
Am Markt 9, 25840 Friedrichstadt
✆ (048 81) 939 30, www.friedrichstadt.de
April–Okt. Mo–Sa 10–16, Juni–Aug. auch So 10–14, Nov.–März Mo/Di, Do/Fr 10–14 Uhr

Museum Alte Münze ➡ F15
Am Mittelburgwall 23, Friedrichstadt
✆ (048 81) 15 11
Tägl. außer Mo April/Mai und Okt. 12–16, Juni–Sept. 11–17 Uhr, Eintritt € 3,50, bis 16 J. frei
Neben der stadtgeschichtlichen Entwicklung kann man einen Blick in den Betsaal der Mennoniten werfen.

Rundgang Friedrichstadt ➡ F15
Ein etwa einstündiger geführter Rundgang mit einem Stadtführer in alter Holländertracht ist bei der Tourist Information zu buchen.

Grachten-Ausflugsfahrten ➡ F15
Friedrichstadt
– Friedrichstädter Grachtenfahrt
Schiffsanleger: Am Deich
✆ (048 81) 93 75 97
www.grachtenfahrt.de
– G. Schröder
Schiffsanleger: Stapelholmer Platz
✆ (048 81) 87 63 95
www.grachtenschiffahrt.de

Holländische Stube ➡ F15
Am Mittelburgwall 24–26, Friedrichstadt
✆ (048 81) 939 00, tägl. ab 10 Uhr
Regionale Küche in schickem, historischem Ambiente.
€€

Husum ➡ D/E14/15
Theodor Storm sprach über seine Heimatstadt von einer Stadt am grauen Strand, am grauen Meer. Aber so grau, wie es aus des Dichters Worten durchschimmert, ist Husum gar nicht. Im Gegenteil, es wirkt sogar sehr bunt, sehr unterhaltsam, wenn man bei Sonnenschein über den Marktplatz spaziert oder entlang dem Hafen, wo farbenfrohe Kutter dümpeln. Grau wirkt die Stadt erst recht nicht im kalten Monat März, wenn im Schlosspark Millionen Krokusse lilafarben blühen.

Pittoresk: der Hafen von Husum

Theodor Storm

Im Husumer Schlosspark: das Denkmal für Theodor Storm

Der Autor wurde am 14.9.1817 in Husum geboren, schlägt wie sein Vater die Juristenlaufbahn ein, schreibt aber von Anfang an nebenher. Nach und nach erscheinen seine bekanntesten Werke, u. a. 1874 die Novelle »Pole Poppenspäler« und 1876 »Aquis Submersus«. 1880 wird Storm pensioniert, jetzt erst, 1888, gelingt ihm sein berühmtestes Werk »Der Schimmelreiter«, da zählte er schon 71 Jahre. Am 4. Juli stirbt Theodor Storm, kurz nach Fertigstellung des »Schimmelreiters«. Der Roman erzählt die Geschichte vom Aufstieg des Hauke Haien aus einfachen Verhältnissen zum angesehenen Deichgrafen, der mit seinen Ansichten seiner Zeit weit voraus war. Haien schuf neue, abgeflachte Deiche, die die alten, steil errichteten ersetzen sollten. Die Bevölkerung, die zum Deichbau verpflichtet war, lehnte seine »neuen« Deiche ab. Die Erzählung endet mit dem Deichbruch in einer Sturmnacht und dem Untergang des Deichgrafen und seiner Familie.

So wird in der bekanntesten von 85 Novellen noch einmal Storms zentrales Thema deutlich: die friesische Landschaft, in der ein Einzelner gegen unüberwindbare Mächte von Schicksal und Aberglauben vergebens ankämpft.

Theodor-Storm-Zentrum mit Museum und Archiv

Husums zentraler Punkt ist der Marktplatz. Dort stehen die **Marienkirche** aus dem 19. Jahrhundert und davor der **Tinebrunnen** ebenso wie das **Rathaus** aus dem Jahr 1601 und unter der Hausnummer 9 das **Geburtshaus von Theodor Storm**. Vom Marktplatz erreicht man in wenigen Gehminuten das Husumer **Schloss**. Etliche Räumlichkeiten stehen zur Besichtigung offen.

Tinebrunnen vor der Marienkirche

Im **Nordfrieslandmuseum Nissenhaus** erhält der Besucher einen guten Überblick über das Wattenmeer, Sturmfluten und Deichbau, aber auch Informationen über den Lebensalltag der Nordfriesen.

Unweit vom Hafen steht in einer malerischen Seitenstraße das **Storm-Haus**, in dem der Dichter lange Zeit lebte. Es ist das typische Beispiel eines Althusumer Bürgerhauses. Wie es sich für eine Hafenstadt gehört, hat Husum auch ein **Schifffahrtsmuseum**, das einen historischen Querschnitt durch die Welt der Küstenseefahrt bietet.

Der Hafen ist noch in Betrieb, sodass man dort Krabbenkutter dümpeln sehen kann. Man sollte sich aber nicht wundern, wenn diese Schiffe im Schlick liegen, denn bei Ebbe fällt der Hafen trocken.

Entlang der Hafenspitze reihen sich etliche Lokale, von deren Terrassen man auf den Hafen und das Nationalpark-Haus, das über das Wattenmeer informiert, schauen kann.

Tourist Information ➡ E15
Großstr. 27, 25813 Husum
✆ (048 41) 89 87-0, www.husum-tourismus.de
Mo–Fr 9–18 (Nov.–März bis 17), Sa 10–16 Uhr

Nordfrieslandmuseum Nissenhaus ➡ E15
Herzog-Adolf-Str. 25 (nahe dem Bahnhof), Husum
✆ (048 41) 25 45
www.museumsverbund-nordfriesland.de
Tägl. 10–17 Uhr, Mitte Sept.–Mitte Juni Mo geschl.
Eintritt € 5/3,50
Kultur- und landschaftsgeschichtlicher Überblick zu Nordfriesland und zur Nordsee.

Poppenspäler Museum ➡ E15
Im Schloss, Husum
✆ (048 41) 632 42, www.pole-poppenspaeler.de

Schloss vor Husum

März–Okt. tägl. außer Mo 11–17, Nov.–Feb. Sa/So 11–17 Uhr, Eintritt € 2/1
Das Museum ist einem der bekanntesten Werke von Theodor Storm gewidmet, der Novelle »Pole Poppenspäler«. Ausgestellt sind zahlreiche Marionetten.

Schifffahrtsmuseum Nordfriesland ➡ E15
Zingel 15 (am Hafen), Husum
✆ (048 41) 52 57
www.schiffahrtsmuseum-nf.de
Tägl. 10–17 Uhr, Eintritt € 4/2
Die wechselvolle Geschichte der Schifffahrt Nordfrieslands wird hier dargestellt.

Storm-Museum ➡ D/E15
Wasserreihe 31, Husum
✆ (048 41) 803 86 30, www.storm-gesellschaft.de
April–Okt. Di–Fr 10–17, Sa 11–17, So 14–17, Nov.–März Di, Do, Sa 14–17 Uhr, Eintritt € 4/3
Hier lebte und wirkte der große Dichter Theodor Storm von 1866 bis 1880. Zu besichtigen ist neben seinen Wohnräumen auch die Poetenstube mit vielen Büchern und Faksimiles.

Schloss vor Husum ➡ E15
König-Friedrich-V.-Allee, Husum
✆ (048 41) 897 31 30
März–Okt. tägl. außer Mo 11–17, Nov.–Feb. Sa/So 11–17 Uhr, Eintritt € 5/3,50

Das Schloss wurde in den Jahren 1577–82 erbaut. Der Name lautet offiziell »Schloss vor Husum«, weil es ursprünglich außerhalb der Stadtmauern lag. Erbaut wurde es als Nebenresidenz von Herzog Adolf von Gottorf für den Fall, dass er mal in die Gegend käme. In späteren Jahren residierte hier die Witwe von Herzog Friedrich III., die das Schloss zu einem künstlerischen Zentrum machte. Aus jener Epoche stammt auch ein Teil der eindrucksvollen Inneneinrichtung.

Ein gemütliches Café wird im Nordflügel im Innenhof überwiegend von Hörgeschädigten betrieben, deshalb gibt es auch ein spezielles Bestellsystem: Jeder Gast kreuzt auf einem Block seine Wünsche an.

Krokusblüte am Husumer Schloss ➡ E15

Einen festen Termin gibt es aus naheliegenden Gründen nicht, aber in der Regel blühen die Krokusse Ende März. Ein zauberhaftes Bild, wenn sich der gesamte Schlosspark in ein lilafarbenes Meer verwandelt. Parallel zur Hauptblüte findet dann ein Begleitprogramm, das **Krokusblütenfest**, statt.

Hafenmeile ➡ E15

Ein reizvolles Ensemble aus schicken, teils historischen Häusern, vielen Gaststätten mit Terrasse und einer Prise Meeresluft.

Krokuswiesen im Schlosspark von Husum

Beliebte Lokale sind **Tante Jennys, Fischhaus Loof** oder das schwimmende **Hafencafé**, die alle auch schon tagsüber geöffnet sind. €–€€

Husums Brauhaus ➡ E15
Neustadt 60, Husum
✆ (048 41) 89 66-0, www.husums-brauhaus.de
Di–Sa ab 17 Uhr
In dem urgemütlichen Altbier-Brauhaus werden so originelle Gerichte wie »Das Schweigen der Lämmer II« zu moderaten Preisen serviert. €–€€

Nordstrand ➡ D/E13/14
Bei strenger Betrachtung dürfte sich die Insel Nordstrand eigentlich gar nicht mehr Insel nennen. Sie ist nämlich durch einen 2,5 Kilometer langen und schon recht breiten Damm mit dem Festland verbunden. Aber egal, die 2500 Nordstrander sehen sich noch als Insulaner und die Geschichte gibt ihnen auch Recht. Denn die Historie von Nordstrand erzählt von zähen Kämpfen gegen die Naturgewalten der Nordsee und auch von schlimmen Unglücken.

Nordstrand entstand, wenn man es denn so ausdrücken darf, nach einer fürchterlichen Sturmflut. In der Nacht vom 11. auf den 12. Oktober 1634 fegte ein brüllender Orkan über die Nordsee. Zu dieser Zeit existierte

7 Flaggen für Nordstrand: Skulpturengruppe des Bildhauers Tom Müllers

Die Kirche St. Vinzenz in Odenbüll

noch die große Insel Strand, auf der gut 9000 Menschen lebten. Das Unwetter tobte derart heftig und die Wassermassen stiegen so stark an, dass der Deich an 44 Stellen brach und etwa 6000 Menschen ertranken. Die Insel Strand hörte auf zu existieren, sie wurde regelrecht zerrissen. Nach Wetterberuhigung waren aus der ehemals großen vier kleinere Inseln geworden: die Hallig Nordstrandischmoor, die Hamburger Hallig, Pellworm und Nordstrand.

Die überlebenden Bewohner und ihre Nachkommen waren von da an bemüht, ihre Insel zu schützen. Schutzdeiche wurden gebaut und durch Eindeichung dem Meer abgerungenes Land, die Köge, sollten Raum und vor allem neues Ackerland schaffen. Im Laufe der Jahrhunderte entstanden etliche neue Köge, bis 1907 sogar ein Damm zum Festland gebaut wurde. So wuchs Nordstrand im Laufe der Jahrhunderte auf gut 50 Quadratkilometer. Im Inselinneren ist es flach wie ein Brett, nur vereinzelt laufen mal Deiche kreuz und quer durch die Felder, ehemalige Außendeiche.

Ein gutes Dutzend Dörfer verteilen sich über die Insel. Am Norderhafen liegt das **Kurzentrum** ➡ D13 und damit so etwas wie der touristische Mittelpunkt. Zwei alte Kirchen laden zu einem Besuch ein. Die altkatholische **St.-Theresien-Kirche** steht am Osterdeich, sie wurde dort 1662 von holländischen Deichbauern errichtet. Die evangelische **St. Vincenz Kirche** ➡ D14

Lokal mit großer Terrasse am Deich in Norderhafen

von Odenbüll überlebte die bittere Sturmflut von 1634. Ihr Schnitzaltar wird auf die Zeit um 1480 datiert. Teile der Innenmauer des Mittelschiffs sind sogar noch älter, sie werden auf gute 800 Jahre geschätzt. An der Außenwand der Kirche lehnen einige verwitterte Grabsteine aus dem 17. Jahrhundert, deren Inschriften teilweise sogar noch lesbar sind.

Ein kleines, liebevoll gestaltetes **Heimatmuseum** ➡ E14 befindet sich im Haus der Kurverwaltung. Im Alten Koog liegt im kleinen Wäldchen eine **Vogelkoje**, wo früher mit einer Reuse Enten gefangen wurden. Ansonsten dominiert auf Nordstrand die Natur, die nicht nur im Mai während der Rapsblüte prächtig anzuschauen ist. Vom kleinen **Hafen Strucklahnungshörn** ➡ D13 pendelt eine Autofähre mehrmals täglich nach Pellworm und zweimal pro Tag startet der sogenannte Adler-Express nach Sylt.

Tourist Information ➡ E14
Schulweg 4, 25845 Nordstrand
✆ (048 42) 454, www.nordstrand.de
Saison Mo–Fr 8–12 Uhr, in der Nebensaison kürzer
Kleines Heimatmuseum im Haus.

Zur Nordsee ➡ D13
Norderhafen, Nordstrand
✆ (048 42) 86 07, tägl. ab 11.30 Uhr
Das Lokal bietet von der Deichterrasse einen weiten Blick hinaus aufs Meer. Auf der Karte stehen traditionelle Gerichte mit Schwerpunkt Fisch. €–€€

Ausflugsziele:

Autofähre Pellworm ➡ D/E12/13
Vom Hafen Strucklahnungshörn
✆ (048 44) 753, www.faehre-pellworm.de
Fünf- bis neunmal pro Tag.

Hallig- und Inselrundfahrt
Insel- und Halligreederei ➡ D13
Vom Hafen Strucklahnungshörn
✆ (046 51) 987 08 88, www.adler-schiffe.de
Jeweils um 9.15 und 14.35 Uhr
Mit dem »Adler-Express« geht es über Hallig Hooge nach Amrum und dann weiter bis nach Hörnum auf Sylt. Von dort dann auf dem gleichen Weg sofort retour. Man kann entweder die gesamte Rundreise buchen oder auch unterwegs aussteigen und mit einem späteren Schiff wieder zurückfahren.

Zur **Hallig Südfall** ➡ E13 gelangt man mit einem Pferdewagen auf einer Wattfahrt (April–Okt.) oder im Rahmen einer Wattwanderung. Infos zur Wattfahrt unter ✆ (048 42) 300, Infos zum Wattwandern über die Kurverwaltung.

Die Hallig Südfall erreicht man per Pferdewagen

Beltringharder Koog ➡ D14

Außer durch den Autodamm ist Nordstrand mit dem Festland auch durch einen 9 km langen Deich verbunden, der schräg durchs Watt verläuft. Das so eingedeichte Wattenmeer, der Beltringharder Koog, ist seit 1991 Naturschutzgebiet. Radler und Fußgänger dürfen trotzdem den Deich benutzen. Etwa auf halber Strecke wird die Badestelle Lüttmoorsiel erreicht, die übrigens auch über eine 5 km lange Zufahrtsstraße ans Festland angebunden ist. Genau an dieser Badestelle beginnt ein kleiner Schienendamm, auf dem die Lorenbahn durchs Wattenmeer hinüber zur Hallig Nordstrandischmoor tuckert. Auf diesem Wege werden Post, Lebensmittel und auch Feriengäste transportiert.

Sönke-Nissen-Koog ➡ C14

Nur wenige Kilometer weiter nördlich liegt der Sönke-Nissen-Koog. Es ist ein weites, plattes Land, durch das man fährt. Nur vereinzelt taucht mal ein landwirtschaftliches Gebäude auf, aber alle tragen ein auffällig grünes Dach.

Sönke Nissen (1870–1923) stammte aus der Nähe von Niebüll und ihn verschlug es wie so viele Friesen ins Ausland: Sönke Nissen landete in Namibia. Dort machte er mit Diamanten ein Vermögen und kehrte später in seine Heimat zurück. Hier wollte er sich einen Kindheitstraum erfüllen und einmal Deichgraf sein. Nicht nur im Namen des Koogs bleibt sein Vermächtnis erhalten, auch in den grünen Dächern der Häuser, so hatte er es gefordert.

»Deichrasenmäher« ist eine der Funktionen der vielen Schafe

Auf der Hallig Oland wohnen heute noch rund 20 Einwohner

Versunkene Inseln und Halligen

Rungholt, das sagenhafte Rungholt, hat an der Küste etwa denselben Ruf wie das legendäre Atlantis, nur etwas bescheidener natürlich. Rungholt ist zwar weniger bekannt, dafür aber tatsächlich existent gewesen. Es scheint nämlich sicher, dass Rungholt von der Sturmflut Grote Mandränke 1362 verschluckt wurde, genau wie viele andere Inseln und Halligen an der Nordseeküste.

Die größte untergegangene Insel hieß **Strand**. Sie wurde bei der Zweiten Groten Mandränke 1634 in mehrere Stücke zerschlagen, in die heutigen Inseln Pellworm und Nordstrand nebst zweier winziger Halligen. 10 000 ertrunkene Menschen und 1300 zerstörte Häuser listet eine Chronik auf. Rungholt und Strand sind aber nur die bekanntesten Unglücklichen, die von der Karte verschwanden, wahrscheinlich sind bis zu 90 kleine Halligen im Meer untergegangen. Aber nicht alle versanken im Meer, einige wurden auch durch Eindeichung Teil des Festlands, beispielsweise **Dagebüll**, der Ort war einst eine Hallig.

Hamburger Hallig ➡ C/D13
Die kleine Hamburger Hallig ist ein Überbleibsel der Insel Strand, die während der schweren Sturmflut von 1634 in mehrere Teile zerrissen wurde. Ende des 19. Jh. wurde ein 4 km langer Damm zum Festland gebaut, über den man noch heute die Hallig erreichen kann. Fußgängern und Radlern eröffnet sich die stille Welt des Wattenmeers und des Halliglebens. Wer mag, kann allerdings auch (gegen eine Gebühr) mit dem eigenen Wagen auf die Hallig fahren. Drei Häuser stehen dort, eines davon ist ein beliebtes Restaurant. Ein kleines Infozentrum berichtet Wissenswertes über Flora und Fauna. Eine gute Möglichkeit, mal ohne umständliche Schiffsfahrt etwas insulare Luft zu schnuppern.

Dagebüll ➡ B13
Von Dagebüll starten die großen Autofähren nach Föhr und Amrum. Sogar einen Bahnanschluss besitzt der Hafen, Dagebüll-Mole. Dort enden die Kurswagen einiger Fernzüge. Die Fähren haben somit direkten Bahnanschluss. Für die Autofahrer, die ohne ihr Vehikel rüber auf die Inseln möchten, wurden in der Nähe des Fährhafen extra viele (allerdings gebührenpflichtige) Parkplätze geschaffen.

Der Ort selbst wartet vor allem mit Ruhe und Abgeschiedenheit auf. Die Gäste sonnen sich auf dem »grünen Strand«, also dem Deich, und können getrost dem Treiben im Fährhafen den Rücken kehren.

Tourist Information ➡ B13
Nordseestr. 1, 25899 Dagebüll
✆ (046 67) 950 00, www.nordfrieslandtourismus.de

Fährhafen und Deich in Dagebüll

Blick auf den Hafen von Schlüttsiel

Juli/Aug. Mo–Fr 9–18 , Sa/So 11–16 Uhr, sonst kürzer und Sa/So geschl.

Fähren nach Föhr und Amrum ➡ C12
Wyker Dampfschiffs-Reederei (W.D.R.), Wyk
✆ (046 67) 940 30, www.faehre.de
Je nach Saison pendeln die großen Schiffe acht- bis zwölfmal täglich nach Föhr, nach Amrum seltener.

Schlüttsiel ➡ C13
Kein Ort verbirgt sich hinter diesem Namen, sondern nur ein kleiner Hafen. Von hier fahren vier Unternehmen zu den Halligen, vor allem nach **Hooge** ➡ D12 und **Langeneß** ➡ C12/13. Gestartet wird in der Saison täglich, meist am Vormittag. Infos:
– **Halligreederei von Holdt**
✆ (045 74) 15 35, www.seeadler-hooge.de
– **Halligreederei MS »Hauke Haien«**
www.wattenmeerfahrten.de
– **Halligreederei MS »Rungholt«**
✆ (046 67) 367, www.halligmeerfahrten.de
– **W. D. R.**
✆ (046 67) 940 30, www.faehre.de

Friesenmuseum in einem alten, reetgedeckten Gehöft

Niebüll ➡ B13
Viele Nordseeurlauber nehmen Niebüll nur als Bahnhof auf ihrem Weg nach Sylt wahr. Von einem eigenen Bahnhof pendelt der Autozug »SyltShuttle« etwa einmal pro Stunde hinüber auf die Insel und nun auch »Autozug Sylt« von RDC Deutschland. Niebüll selbst ist eine Kleinstadt mit knapp 8000 Einwohnern. Die Innenstadt zeigt sich teilweise verkehrsberuhigt, drei nette kleine Museen können besichtigt werden.

Tourist Information ➡ B13
Bahnhofstr. 6, 25899 Niebüll
✆ (046 61) 94 10 15
www.nordfrieslandtourismus.de
Mo–Fr 7.50–16.30, Sa 8.50–14.30, im Sommer auch So 8.50–16.30 Uhr

Friesisches Museum ➡ B13
Osterweg 76, Niebüll/Deezbüll
www.friesisches-museum.de
Juni–Sept. tägl. 14–16 Uhr, Eintritt € 2/1
Hier wird in einem alten Friesenhaus die Lebenswelt der Friesen aus den vergangenen Jahrhunderten thematisiert.

Naturkundemuseum Niebüll ➡ B13
Hauptstr. 108, Niebüll
✆ (046 61) 56 91, www.nkm-niebuell.de
Tägl. außer Mo 14–17.30 Uhr, Eintritt € 3/1,50

Die Naturlandschaften der Region mitsamt ihren Tieren werden vorgestellt und in drei Aquarien sind Süßwasser- wie Meeresbewohner zu bewundern.

Richard-Haizmann-Museum ➡ B13
Rathausplatz 2, Niebüll
✆ (046 61) 10 10, www.haizmann-museum.de
Di–Fr 11–16.30, Sa 11–13, So 14–17 Uhr
Eintritt frei, bei Sonderausstellungen € 1,50/0,50
Ausgestellt wird moderne Kunst von Richard Haizmann, der in der Nazizeit mit Berufsverbot belegt wurde, und anderen Künstlern.

Ausflugsziele:

Seebüll ➡ A13
Der winzige Ort liegt 15 km nördlich von Niebüll. Hier lebte und arbeitete der große Maler Emil Nolde, der während der Nazizeit Berufsverbot hatte. Hier setzte er die Schönheiten der friesischen Landschaft in farbenprächtige Aquarellbilder um. Das 8 **Emil-Nolde-Museum**, ✆ (046 64) 98 39 30, www.nolde-stiftung.de, März–Nov. tägl. 10–18 Uhr, Eintritt € 6/3, steht inmitten eines prachtvollen Gartens, der schon an sich einen Besuch wert ist.

Eine ganz spezielle Unterkunft: das Ein-Zimmer-Hotel im Wasserturm von Niebüll

Im Rausch der Farben

Nolde Stiftung Seebüll

Neukirchen, Schleswig-Holstein

Hier ist unser Platz«, so äußerte sich Ada Nolde überzeugt, als Maler und Gattin 1926 in Seebüll ankamen. Der Künstler selbst entwarf das Wohn- und Atelierhaus, einen achteckigen Bau, der in seiner formalen Strenge

Wohnhaus und Garten von Emil Nolde: »Seebüll« nahe Neukirchen.

an die Architektur des Bauhauses erinnert. Das international vielleicht bekannteste Museumshaus Schleswig-Holsteins steht im Kreis Nordfriesland, nur wenige Minuten von der Grenze zum Nachbarn Dänemark entfernt.

1867 als Hans Emil Hansen geboren, lässt sich der junge Mann an der Kunstgewerbeschule in Flensburg zum Holzschnitzer und Zeichner ausbilden. Seine Wanderjahre führen ihn u. a. nach München, Karlsruhe und Berlin. 1906/07 ist Emil Nolde – der sich nach seinem Geburtsort bei Tondern nennt – Mitglied der Künstlergruppe »Die Brücke« und ab 1909 Mitglied der Berliner Secession.

Obwohl er bereits in den 1920er Jahren Mitglied der NSDAP wird, erklärt das Nazi-Regime 1937 seine Kunst als »entartet« und verbietet ihm ab 1941 das Malen ganz. Nach 1945 erhält Nolde zahlreiche internationale Ehrungen und gilt heute als einer der bedeutendsten Maler des Expressionismus. Neben religiösen Motiven und Szenen aus dem Berliner Nacht- und Theaterleben sowie Südseeimpressionen, die er auf ausgedehnten Reisen sammelte, stehen immer wieder und vor allem die Landschaft seiner norddeutschen Heimat, das Meer und Blumen im Mittelpunkt seines farbexplosiven Schaffens.

Ein Jahr nach dem Tod des Malers öffnet 1957 die von ihm selbst gegründete Stiftung erstmals die Türen des Wohnhauses als Museum, heute gibt es hier jährlich wechselnde Ausstellungen seiner Aquarelle und Zeichnungen. Zu Füßen des Hauses legte der Maler einen Blumengarten an, dessen Wege die Initialen A und E, die Anfangsbuchstaben von Ada und Emil, zeichnen.

Info: Neukirchen liegt ca. 20 km nördlich von Niebüll, 55 km westlich von Flensburg. **Info Nolde Stiftung Seebüll:** 25927 Neukirchen, Tel. (046 64) 98 39 30, www.nolde-stiftung.de, Öffnungszeiten März–Nov. tägl. 10–18 Uhr, Eintritt € 6, ermäßigt € 3, bis 12 J. frei.

Nordfriesische Inseln

Vier Inseln und fast ein Dutzend Halligen bilden die Gruppe der Nordfriesischen Inseln. **Sylt** ist nicht nur die bekannteste, sie ist auch zugleich die nördlichste Insel. Sie ist durch einen Eisenbahndamm mit dem Festland verbunden, was ihr fraglos eine besondere Note beschert. Allerdings gibt es auch Tausende von Autos, denn auf keine andere Nordseeinsel kann man so unproblematisch sein Vehikel mitnehmen. Einfach zur Autoverladung in Niebüll fahren, sich in die Schlange einreihen, und ab geht's.

Amrum liegt noch in Sichtweite von Sylts südlichstem Ort Hörnum. Diese viel kleinere Insel zeichnet sich durch den Kniepsand aus, einen fast eineinhalb Kilometer breiten Sandstrand. Dieser sucht seinesgleichen im ganzen Nordseebereich.

Föhr dagegen kann mit etwas Fantasie als halbwegs runde Insel bezeichnet werden. Hier finden sich einige urige Friesendörfer und vor allem viel Natur. **Pellworm,** die südlichste der Nordfriesischen Inseln, ist eine grüne Marschinsel, auf der es ziemlich ruhig zugeht. Während auf Sylt der Tourismus fast überall den Ton angibt, wird auf Pellworm noch immer ganz selbstverständlich Landwirtschaft betrieben.

Winterlicht: Stillleben auf der Düne

Strandkörbe vor der Beachbar »Buhne 16« – Sommerträume auf Sylt

Zehn **Halligen** existieren noch, früher waren es deutlich mehr. Halligen ragen nur unwesentlich aus dem Meer heraus, werden deshalb auch häufiger im Jahr überschwemmt, und dennoch leben auf den meisten dieser winzigen Inselchen noch Menschen dauerhaft.

Sylt ➡ A/B10/11
Sylt wird geliebt oder gehasst, dazwischen gibt es nichts. Für viele gilt die Insel als Schickimickitreff, was nur zu einem winzig kleinen Teil der Wahrheit entspricht. Sylt misst von Nord nach Süd fast 40 Kilometer, da bleibt Platz für alle, sogar für Schickis.

Charakteristisch ist der weiße Sandstrand, der sich entlang der gesamten Westküste erstreckt. Hier brechen sich die Wellen und locken Surfer wie Badende an. Der Nachteil dieser Naturgewalt zeigt sich dann spätestens nach den Herbststürmen. Die Wellen nagen an dem wunderschönen Strand und die Insel wird ständig kleiner. Jährliche Sandaufspülungen sollen dem Einhalt gebieten und doch, die Insel schrumpft – vor allem an der Südspitze bei **Hörnum** ➡ B10.

Neben dem Strand lockt aber auch die Natur mit ihren Dünen, Abbruchkanten und Heideflächen. Im Inselosten findet der Besucher dann landwirtschaftlich genutzte Wiesen und Weiden. Die zwölf Orte der Insel, die sich zu mittlerweile nur noch fünf Gemeinden zusammengefunden haben, könnten sich nicht unterschiedlicher präsentieren.

Eine ehemalige Walfanginsel
wird zu Deutschlands Spielwiese

SYLT

Sylt, Schleswig-Holstein

Sylt ist schöner als Martha's Vineyard, die berühmte Ferieninsel vor der US-Ostküste. Das befand Regisseur Roman Polanski, der dort einige Szenen seines Films »The Ghostwriter« drehte. Mit Dünensand und Strandhafer, kunterbunter Fischbudenarchitektur im Hafen und Schafen auf Weiden hat die Insel etwas Heimeliges. Nördlich des Ortes List und des Leuchtturms am Ellenbogen klatschen Wattenmeer und Nordsee aufeinander. Die schmale Halbinsel mit ihrer urwüchsigen Landschaft und den großen Wanderdünen ist zu allen Jahreszeiten Anziehungspunkt für Naturliebhaber.

Doch Sylt ist auch mondän, vor allem im Sommer, wenn die Reichen und Schönen in auffälligen Karossen auf dem Hindenburgdamm übersetzen. Die Perle der nordfriesischen Inseln hat die höchsten Immobilienpreise und einige ausgezeichnete Restaurants. Ihr Tummelplatz ist Kampen, ein Nordseebad mit reetgedeckten Häusern und dem Roten Kliff, das steil zum offenen Meer abfällt. Hauptort ist Westerland mit Einrichtungen wie dem Spa Syltness Center und der Attraktion Sylt-Aquarium.

Auf Sylt gibt es die frischesten Austern, etwa zwanzig Variationen stehen auf den Karten der Restaurants, von der Auster Royal bis zu Austern auf Buchenholz und Wacholder. Als Delikatesse gilt die üppige Meeresfrüchteplatte mit Austern, Hummer, Jakobsmuscheln, Taschenkrebs und wilden Blaumuscheln. Deutschlands einzige Austernzuchtfarm befindet sich in der Blidselbucht, pro Jahr werden dort eine Million Stück geerntet.

Der alte Inselort Keitum trumpft auf mit den schönsten Friesenhäusern – allen voran das »Altfriesische Haus«, Sylts Heimatmuseum – und der romanischen Severinskirche. Auch Hünengräber gibt es noch hier und da, sie bezeugen, dass die Insel schon in prähistorischer Zeit bewohnt war. Davon erzählt auch der Ringwall Tinnumburg auf der Halbinsel Sylt-Ost. Das im Norden gelegene Listland ist ein Naturschutzgebiet mit markanten Dünen. Breit sind die Strände und besetzt von bunten Strandkörben.

INFO: Sylt liegt ca. 120 km von Flensburg entfernt. **INFO SYLT:** Sylt Marketing GmbH, Stephanstr. 6, 25980 Westerland, Tel. (046 51) 82 02-0, www.sylt.de. Der Fremdenverkehrsverein Westerland e. V., Stephanstr. 6, 25980 Westerland, Tel. (046 51) 835 85 24, www.fvv-westerland.de, organisiert u. a. Führungen auf der ganzen Insel und Wattwanderungen.

Traumhäuser in den Dünen von Hörnum.

Westerland ➡ aB1
An der Westseite, nahezu mittig gelegen, ist dies der Hauptort Sylts. Die dortige Friedrichstraße, eine Fußgängerzone, die zum Meer führt, ist die Hauptflaniermeile. Hotels, Geschäfte, Lokale – hier findet man einfach alles, und deshalb ist sie auch so belebt. Westerland hat das breiteste Angebot an Lokalitäten und eine große Zahl an Unterkünften. Wer es etwas ruhiger wünscht, besucht das jenseits des Bahnhofs gelegene Alt-Westerland mit seinen kleinen Friesenhäusern und der alten **St.-Niels-Kirche.**

Parallel zum Westerländer Strand verläuft eine **Kurpromenade.** Markant steht dort die Musikmuschel, in der regelmäßig Kurkonzerte stattfinden. Sie geht in westlicher wie in östlicher Richtung in einen Holzbohlenweg über. Auch dort liegen oberhalb der Dünen mehrere Lokale, natürlich mit einem hinreißenden Blick aufs Meer.

ℹ Tourist Information ➡ aB1
Friedrichstr. 44, 25980 Westerland
✆ (046 51) 99 80, www.westerland.de
Mo–Fr 9–18, Sa 10–17, So 12–17 Uhr

Dünen gehören zu Sylt wie Wind und Wellen

Flanieren in der Friedrichstraße in Westerland

Sylt-Aquarium ➡ aB1
Gaadt 33, Westerland
✆ (046 51) 836 25 22, www.syltaquarium.de
Tägl. 10–18 Uhr, Eintritt € 15/10
In 18 Becken wird dem Besucher das Leben in der Nordsee nähergebracht. Die Attraktion ist natürlich das große Becken, das durch einen gläsernen Tunnel durchquert werden kann.

Friedhof der Heimatlosen ➡ aB1
Käpt'n-Christiansen-Straße
Hier befindet sich ein kleiner Friedhof für insgesamt 55 unbekannte Seeleute, deren Leichen 1855 bis 1905 an den Strand getrieben wurden.

Café Wien ➡ aB1
Strandstr. 13, Westerland
✆ (046 51) 53 35, www.cafe-wien-sylt.de
Tägl. ab 9 Uhr
Hausgemacht Pralinen, Kuchen und Torten zum Niederknien, auch Außer-Haus-Verkauf. Es gibt auch warme Gerichte und nebenan wird Schokolade aus hauseigener Manufaktur verkauft. €€

Die Osteria – S52 Seaside ➡ aB/aC1
Süderstr. 68, Westerland
✆ (046 51) 298 19, www.osteria-sylt.de
Tägl. außer Mo 15–22 Uhr
Kultlokal mit skurriler Deko und tadelloser, italienisch angehauchter Küche. Große Mengen! €€

Windsicher: Windsurfen, Wellenreiten oder Kiten auf Sylt

Gosch ➡ aB1
Friedrichstr. 15, Westerland
✆ (046 51) 237 45, www.gosch.de
An Gosch kommt man auf Sylt nicht vorbei, das Hauptlokal befindet sich in List, ein toller Neubau in Wenningstedt und in Westerland hat der umtriebige Großgastronom mehrere Lokale, in denen gute Fischgerichte ruckzuck serviert werden. Ähnlich organisiert, aber etwas weniger frequentiert ist **Fisch Blum** in der Neuen Str. 4. €–€€

Wenningstedt ➡ aB1
Wenningstedt, vier Kilometer nördlich von Westerland gelegen, gilt als Familienbad. Hier geht es deutlich ruhiger zu, schrille Lokale und Shops wird man nicht finden, dafür aber viele Appartements und einige Ferienhäuser. Auch eine Minigolf-Anlage, was für eine familienfreundliche Grundausrichtung sorgt. Der Strand ist ebenso schön wie in Westerland, eine Promenade fehlt, aber nicht Lokale mit Meeresblick.

Auf der Wattseite gegenüber liegt **Braderup** ➡ aB1, das mit Wenningstedt eine Verwaltungseinheit bildet. Hier stehen viele reetgedeckte, millionenschwere Villen, in denen Prominente und reiche Zweithausbesitzer urlauben. Einige wenige Objekte werden auch an Urlauber vermietet.

Tourist Information ➡ aB1
Strandstr. 25, 25996 Wenningstedt-Braderup
✆ (046 51) 447 70, www.wenningstedt.de
Saison Mo–Fr 9–17, Sa/So 10–14 Uhr, sonst kürzer

Vom Krabbenpuler zum Fischkönig

Gosch Sylt

Sylt, Schleswig-Holstein

Eigentlich wollte Jürgen Gosch Fußballspieler werden. Mit zwölf Jahren wurde er zum Talent des Jahres von Nordfriesland gekürt. 1987 brachte er es dann zum Weltmeister – allerdings nicht auf dem Rasen, sondern im Krabbenpulen. Indirekt verdankt Deutschlands bekanntester Fischhändler aber auch diesen Titel seiner früheren Leidenschaft. Schon als Kind pulte er die leckeren Tierchen nämlich mit seinen Schwestern, um die Haushaltskasse der Familie aufzubessern – und zwar in Windeseile. Denn sobald er fertig war, durfte er mit seinen Freunden bolzen.

Statt dem Fußball blieb Gosch am Ende aber doch den Krabben treu und setzte sie Anfang der 1970er Jahre an seinem ersten Stand sogar zu einer List ein: Da ihm die Konzession zum Alkoholausschank fehlte, servierte er eine hochprozentige »Fischsuppe« aus Korn und Brause, in der je zwei Alibi-Krabben schwammen.

Heute dürfte die Suppe, die in der Nördlichsten Fischbude Deutschlands am Lister Hafen gelöffelt wird, ihre Zutaten wieder eher dem Meer als der Schnapsflasche schulden. Das tut dem Ansturm jedoch keinen Abbruch. Nach wie vor trifft man sich hier, wo alles begann, zum kleinen Imbiss, Aperitif oder Absacker – und, natürlich, zum Sehen und Gesehenwerden. Denn Qualitätsware und vor allem die drollig-charmante Art des Gastwirts ließen Gosch schnell zum Liebling der Sylter Urlaubsschickeria aufsteigen. Ein kleiner Jahrmarkt der Eitelkeiten, der auch für den weniger stylishen Besucher als Beilage zum Fischbrötchen durchaus Unterhaltungswert hat.

Nirgendwo lässt sich diese Atmosphäre so genießen wie in einer der zwölf Inselfilialen – auch wenn das Franchise-Unternehmen inzwischen von Hamburg bis München ebenso auf dem Festland vielerorts vertreten ist. Neuerdings macht »Deutschlands Fischkönig« auch an Bord von Kreuzfahrtschiffen die Weltmeere mit seiner Ware unsicher und betreibt einen Versandhandel.

Stimmungsvolle Beleuchtung beim »Gosch am Kliff« in Wenningstedt.

Doch auch zu Hause auf der Insel expandiert der Self-made-Millionär und eröffnet einen Ableger nach dem anderen. Besonders malerisch macht sich einer der jüngeren Zugänge des Gosch-Imperiums direkt am Wenningstedter Strand. An lauen Sommerabenden liegt eine unvergleichlich leichte Stimmung über der großen Terrasse mit Bootssteg-Flair und unverstelltem Meerblick. Wenn die Sonne dann bei Schampus und Krabbenbrötchen in den Wellen vor Sylt versinkt, ist das norddeutsche Urlaubsglück perfekt.

Info Gosch am Kliff: Dünenstr. 17 A, 25996 Wenningstedt, Tel. (046 51) 99 59 49 16, www.gosch.de, Öffnungszeiten tägl. ab 12 Uhr. **Info Nördlichste Fischbude Deutschlands:** Am Hafen, 25992 List, Tel. (046 51) 87 04 01, Öffnungszeiten tägl. ab 10.30 Uhr.

Denghoog ➡ aB1
Wenningstedt
✆ (046 51) 57 69
Mai–Okt. Mo–Fr 10–17, Sa/So 11–17 Uhr
Eintritt € 2,50/1,50
Ein 5000 Jahre altes Megalithgrab, das von 32 Zentner schweren Findlingen gebildet wird. Das Grab liegt unweit des Dorfteichs bei der kleinen Kirche (ausgeschildert).

Kampen ➡ aB1
Wenn von Sylt als Insel der Reichen und Schönen die Rede ist, dann ist Kampen gemeint, denn hier urlauben und feiern sie tatsächlich. Doch trotz dieses Umstandes ist Kampen ein reizvoller Ort, dessen idyllische Reethäuser sich bis zur Wattseite erstrecken.

An der Westseite breitet sich eine malerische Dünenlandschaft bis zum **Roten Kliff** aus. Unterhalb des Kliffs liegt einem dann wieder der Strand zu Füßen. Nur wenige Häuser liegen in Kampen zur Meeresseite. Warum, kann man am Haus »Kliffende« erkennen: Mit der Wucht der Herbststürme nagt hier das Meer Jahr für Jahr und die Abbruchkante rückt immer näher an die Häuser heran.

Aus der Dünenlandschaft erhebt sich die **Uwe-Düne** mit 52,5 Metern. Bei gutem Wetter bieten sich sagen-

Landschaftspflege in der Braderuper Heide zwischen Kampen und Braderup

Wanderdünen prägen das Landschaftsbild nördlich der kleinen Gemeinde List

hafte Weitblicke, man kann sozusagen von Meer zu Meer blicken. Eine recht kurze Straße namens Strön-Wai ist *der* Treffpunkt von Kampen mit einer Handvoll schwer angesagter Lokale und Boutiquen der edelsten Marken.

Tourist Information ➜ aB1
Hauptstr. 12, 25999 Kampen
✆ (046 51) 469 80, www.kampen.de
Ab Mai Mo–Fr 9–17, Sa 10–13, Juli/Aug. auch So 10–13, ab Nov. Mo–Fr 9–16 Uhr

List ➜ aA2
Der kleine Ort nennt sich Deutschlands nördlichste Gemeinde. Abgesehen vom Hafen wird man hier wenige spezielle Attraktionen finden; am Hafen allerdings stehen etliche Lokale, eine größere Markthalle sowie mehrere Geschäfte und vor allem die »nördlichste Fischbude« von Gosch.

Außerdem befindet sich hier das 9 **Erlebniszentrum Naturgewalten**, eine hochinteressante und spektakuläre Ausstellung. In drei thematisch und räumlich getrennten Großbereichen wird den Besuchern die Bedeutung von Naturgewalten nähergebracht, speziell auch auf die Insel Sylt bezogen. Alles ist sehr anschaulich mit interaktiven Medien dargestellt.

Außerhalb von List liegt eine äußerst reizvolle Landschaft, geprägt von hoch aufgeworfenen Wanderdünen; nur wenige markierte Wege führen durch das geschützte Gebiet. Der nördlichste Punkt, **Listland**, be-

Wissensshows für Jugendliche im Erlebniszentrum Naturgewalten

steht nahezu vollständig aus Strand und Dünen und befindet sich, man glaubt es kaum, in Privatbesitz. Gegen eine kleine Gebühr kann die schmale Straße, die bis zum Ende der Insel, dem Lister Ellenbogen, führt, allerdings befahren werden.

Kurverwaltung ➡ aA1
Landwehrdeich 1, 25992 List
✆ (046 51) 95-200, www.list-sylt.de
Mo/Di 9–17, Mi/Do 9–14, Fr 9–12 Uhr

9 **Erlebniszentrum Naturgewalten Sylt** ➡ aA2
Hafenstr. 37, List
✆ (046 51) 836 19-0, www.naturgewalten-sylt.de
Tägl. 10–18 Uhr, Eintritt € 13,50/9 (4–15 J.)
Eine 1500 m^2 große, interaktive Ausstellung.

Sylter Royal Austerstube ➡ aA1
Hafenstr. 10–12, List
✆ (046 51) 87 75 25, www.sylter-royal.de
Tägl. Sommer 11.30–22, Winter 11.30–20 Uhr
Hier gibt's selbstgezüchtete Nordsee-Austern. €€–€€€

Autofähre nach Rømø ➡ aA1
List
✆ (04 61) 864-601, www.syltfaehre.de
In der Saison bis zu elf Abfahrten zur dänischen Nachbarinsel, Dauer der Fahrt 45 Minuten.

»Gret Palucca« ➡ aA1
Infos und Anmeldung am Hafen oder
unter ✆ (046 51) 987 08 88
Das Schiff geht täglich auf Krabben- und Seetierfahrt.

Rantum ➡ aC1
Rantum liegt nur wenige Kilometer südlich von Westerland an der schmalsten Stelle der Insel. Keine 600 Meter sind es vom Strand rüber zur Wattseite. Ein Teil der Häuser liegt sehr malerisch in den Dünen. Bemerkenswert ist das Rantum-Becken, heute ein Vogelschutzgebiet, das von einem fünf Kilometer langen, begehbaren Deich geschützt wird.

Tourist Information ➡ aC1
Strandstr. 7, 25980 Rantum
✆ (046 51) 99 80, www.rantum.de
Mo–Fr 9–16.30, Sa 10–13 Uhr

Hörnum ➡ aD1
Sylts südlichster Punkt ist klein und wird auf drei Seiten von Stränden begrenzt. Vor allem die Dünenlandschaft und der breite Weststrand an der Hörnumer Odde

Der Leuchtturm Hörnum im Süden der Insel Sylt

locken zu ausgedehnten Spaziergängen. Vom Hafen stechen Ausflugsschiffe (u. a. nach Helgoland) sowie die Personenfähre nach Nordstrand in See. Langsam verändert sich der Ort: Ein toller Golfplatz mit einem Tophotel in den Dünen und ein schönes Designhotel im Ortskern wurden eröffnet.

Tourist Information ➡ aD1
Rantumer Str. 20, 25997 Hörnum
✆ (046 51) 96 26-0, www.hoernum.de
Mo–Fr 9–17 Uhr

Adler-Schiffe ➡ aD1
Hörnumer Hafen
✆ (046 51) 987 08 88, www.adler-schiffe.de
Schiffstouren zu den Seehundbänken und den benachbarten Inseln, nach Helgoland und Nordstrand.

Die Ostdörfer ➡ aB/aC1/2
Fünf Dörfer liegen im Sylter Osten im fruchtbaren Marschland, deswegen wird hier noch vereinzelt Landwirtschaft betrieben. Je weiter man nach Osten fährt, desto mehr entfernt man sich auch vom Sylter Rummel und erlebt eine kaum vermutete Idylle. Die Dörfer bilden einen Gegenpunkt zu dem touristischen Teil der Insel, nicht nur wegen der Ländlichkeit, sondern weil gerade hier noch alte Traditionen hochgehalten werden.

Keitum ➡ aB/aC1 ist der malerischste Ort. Hier bilden die alten Reetdachhäuser ein noch nahezu intaktes

Friesenidyll: Bilderbuchhaus in Keitum

Morsumer Kliff auf Sylt: Markierte Wanderwege führen durch die geschützte Dünenlandschaft

Ortsbild. So viel Idylle lockte recht bald Künstler an. Den Besuchern wird in vielen der hübsch zurechtgemachten Häuser allerlei Handwerkliches und Kulinarisches angeboten. Trotzdem hat sich Keitum noch viele Traditionen erhalten, wovon nicht nur das alljährliche Ringreiten zeugt.

Im Ortskern befindet sich das **Sylter Heimatmuseum** ➡ aB1, das einen Querschnitt durch Sylter Tradition und Historie bietet. Gleich nebenan lohnt ein Blick in das **Altfriesische Haus**, ein lebendiges Beispiel für friesische Wohnkultur. Die weithin sichtbare **St.-Severin-Kirche** ➡ aB1 stammt aus dem 13. Jahrhundert. Sie hat durch die jeden Mittwochabend stattfindenden Orgelkonzerte eine Art Kultstatus erlangt (www.st-severin.de).

Morsum ➡ aC2, der erste Ort nach Passieren des Hindenburgdamms, bietet bäuerliches Ambiente, gepaart mit einigen schon recht luxuriösen Reetdachhäusern. Sehenswert ist nicht nur die in ihrer Schlichtheit bestechende **St.-Martin-Kirche** aus dem 12. Jahrhundert, sondern vor allem das **Morsumer Kliff**. Es beeindruckt auch Laien, denn hier kann man zehn Millionen Jahre Erdgeschichte sozusagen aufgeschnitten auf dem Präsentierteller bestaunen.

i Tourist Information ➡ aB/aC2
Gurtstig 23, 25980 Sylt-Ost
✆ (046 51) 299 03 97, www.insel-sylt.de
Mo–Fr 10–17, Sa 10–13 Uhr

Alte Grabsteine auf dem Friedhof in Nebel

Amrum ➡ B/C10/11
Das südlich von Sylt gelegene Amrum ist 20 Quadratkilometer klein, gerade mal drei Gemeinden verteilen sich auf dem Eiland. Herausragendes Merkmal ist der **Kniepsand** ➡ C10/11, wie der unvergleichliche Strand auch genannt wird. Allein die Maße sind rekordverdächtig: 15 Kilometer lang und bis zu 1,5 Kilometer breit. Da muss man schon ganz schön lange laufen, wenn man mal eben baden gehen möchte. An einem derart breiten Strand findet aber auch jeder sein stilles Eckchen.

In den Sommermonaten basteln immer wieder Menschen aus angeschwemmtem Strandgut regelrechte Kunstwerke, ja kleine Hütten. Die Kurverwaltung lässt sie gewähren, genau wissend, dass der nächste Herbststurm alles wieder zurück ins Meer fegt. Dem Strand schließt sich ein breiter Dünengürtel an, durch den man nur auf Holzbohlenwegen laufen darf.

Im Inselsüden entstand das relativ junge **Wittdün** ➡ C11 erst 1890. Hier legen heute die Fähren an und hier spielt sich ein nicht geringer Teil des touristischen Lebens ab. Örtliche Sehenswürdigkeit ist der zwei Kilometer außerhalb malerisch in den Dünen stehende rot-weiße Leuchtturm.

In der Inselmitte liegt das Friesendorf ⑩ **Nebel** ➡ C11, das seinen Beinamen völlig zu Recht trägt, denn hier existieren noch etliche schöne historische Friesenhäuser. Ortsmittelpunkt ist die **St.-Clemens-Kirche** mit dem angrenzenden Friedhof. Hier befinden sich noch 91 sogenannte Trumme oder »sprechende Steine«. Sie sind

Stille vor dem Wind

Insel Amrum

Amrum, Schleswig-Holstein

Dünen, Strand und Nadelwälder – die natürlichen Markenzeichen der friesischen Inseln: Amrum bietet sie im XXL-Format. Besucher, die zum ersten Mal vorn am Rand der über 30 Meter hohen Sanddünen stehen, reiben sich erstaunt die Augen: »Wo ist denn hier das Meer?« Schier endlos breitet der Kniepsand sein weißes Tuch zwischen Strandhafer und Brandung aus – 17 Kilometer lang, ein Paradies für Leute mit strammen Waden.

Die kann man auch in den Wäldchen gebrauchen, deren Birken, Kiefern und Fichten sich duftend im Windschatten der Dünen wie ein grünes Rückgrat der Insel von Nord nach Süd hinziehen. Landseitig, inmitten von Äckern, Weiden, grasenden Rindern und Schafen, liegen die Dörfer: Wittdün, wo die Schiffe vom Festland anlegen, mit seinem etwas verblichenen wilhelminischen Seebad-Charme, Nebel, das pittoreske Dorf der reetgedeckten Friesenhäuser, der hübschen St.-Clemens-Kirche und seiner Galerie alter Grabsteine aus der Walfängervergangenheit, und Norddorf, der helle, muntere Badeort.

Munter – das heißt auf Amrum aber keineswegs Rummel, Party und Nachtleben. Schicke Strandcafés, Promenaden oder Hotelkästen kennt man hier nicht. Ein Tee im alten »Friesencafé« mit den niedrigen Decken muss genügen. Wer auf Amrum Ferien macht, zählt eher zu den Stillen im Land, deren (auch in der Hochsaison) vergleichsweise kleine Zahl sich in den Wäldern, Dünen und am Riesenstrand verläuft: In der Regel bereisen Leute die Insel, die möglichst unbehelligt zu Fuß oder per Rad die frische Luft genießen möchten, oder Vogelfreunde, die am Deich oder in der Odde an der Nordspitze nach Watt- und Zugvögeln Ausschau halten. Das trifft sich gut mit den überwiegend wortkargen Insulanern. »Moin« ist oft das Maximum an Kommunikation, das man ihnen entlocken kann. Ob es an der Insellage liegt? Oder daran, dass sich die Amrumer stets den grönländischen Walfängern und Dänemark näher gefühlt haben als dem deutschen Festland? Immerhin war die Insel bis 1864 dänisch. Als Erstes verpasste ihr die deutsche Obrigkeit einen Leuchtturm zur Orientierung der Seefahrer. Bitter für die Amrumer! Denn mit den einträglichen Plünderungen der gestrandeten Schiffe war es nun vorbei.

Amrum: Radwanderer bei der Mühle in Nebel.

Info: Die Insel Amrum gehört zu den Nordfriesischen Inseln und liegt nur wenige Kilometer von Sylt und Föhr entfernt. **Info Amrum Touristik:** Inselstr. 14 B, 25946 Wittdün, Tel. (046 82) 94 03-0, www.amrum.de.

bis zu 400 Jahre alt und berichten aus dem Leben der Amrumer Seefahrer.

Weil den kargen Sandböden kaum Ertrag abzuringen war, heuerten die Matrosen oft schon im Alter von zwölf Jahren an und segelten nach Indonesien, Amerika und um Kap Hoorn – oder sie jagten Wale.

Die einen gerieten in die Fänge von Seeräubern und wurden als Sklaven verkauft, andere stiegen zum Kapitän oder gar zum Sklavenhändler auf. Das alles ist auf den Stelen nachzulesen. Davon und vom Leben im alten Amrum berichtet das **Naturzentrum Amrum**, das Museum für maritime und naturkundliche Themen.

Das Heimatmuseum von Amrum befindet sich in der nicht zu übersehenden Windmühle.

Norddorf ➡ C11 ist ein reizvoller Ort geblieben, der von viel Natur umgeben ist. Weit ist es nicht bis zum Strand oder in die Heide, die genügend Raum für ausgedehnte Spaziergänge bieten.

Tourist Information ➡ C11
Inselstr. 14 B (Fähranleger), 25946 Wittdün
✆ (046 82) 940 30, www.amrum.de
Mo–Fr 8.30–17.25, Sa/So/Fei 9–13 Uhr

Heimatmuseum ➡ C11
Waasterstigh (in der Windmühle), Nebel
✆ (01 51) 51 26 66 34

Entspannung in Wittdün auf Amrum

Mietschaufeln auf Amrum

www.amrumer-windmuehle.com
April–Okt. tägl. 10.30–13 und 14.30–17 Uhr
Eintritt € 2,50
Es geht um die Geschichte der Mühle, die Pflanzen- und Tierwelt der Insel sowie historische Funde.

Naturzentrum Amrum ➡ C11
Strunwai 31, 25946 Norddorf
✆ (046 82) 16 35, www.naturzentrum-amrum.de
April–Okt. tägl. außer Do 10–17, Nov.–März Mi, Fr–So 12–16 Uhr, Spende erbeten
Museum für maritime und naturkundliche Themen sowie zum abenteuerlichen Leben des reichen Amrumers Hark Olufs.

Öömrang Hüs ➡ C11
Waaswai 1, Nebel
✆ (046 82) 21 18, www.oeoemrang-hues.de
Mo–Fr 11–13.30 Uhr, Eintritt gegen Spende
Schickes Reetdachhaus von 1736, das noch die historische Einrichtung hat und zeigt, wie wohlhabende Amrumer früher lebten. Zudem wechselnde Ausstellungen.

Wanderung durchs Watt
Die Wanderung hinüber zur Nachbarinsel Föhr startet etwa 2 km nördlich von Norddorf unterhalb des Vogelschutzgebiets Odde. Machen Sie sich niemals allein auf, nur mit einem Wattführer gehen!

Hotel Hüttmann ➡ C11
Ual Saarepswai 2–6, Norddorf

Amrum im Schnee

✆ (046 82) 922-0, www.hotel-huettmann.de
Tägl. 17.30–21.30 Uhr
Restaurant mit guter Küche und reicher Weinauswahl; hübsches Café für eine gepflegte Kaffee-und-Kuchen-Pause. €€

Schiffsfahrten und Fähren ➡ C11
Ab/bis Wittdün
– **Adler-Schiffe**
✆ (046 51) 987 08 88, www.adler-schiffe.de
– **Wyker Dampfschiffs-Reederei**
✆ (046 67) 940 30, www.faehre.de
Nach Hörnum auf Sylt, Hallig Hooge und Nordstrand fahren die Adler-Schiffe zweimal am Tag. Nach Dagebüll aufs Festland und Föhr schippern die Fähren der W. D. R. mehrmals am Tag, je nach Saison.

Föhr ➡ B/C11/12
Die Insel ist mit 82 Quadratkilometern nach Sylt die zweitgrößte Nordseeinsel. Nahe dem Hauptort **Wyk** ➡ C12 legen die Fähren an. Von dort zieht sich ein 15 Kilometer langer Sandstrand entlang der Küste. Ansonsten locken vor allem die grüne Natur und knapp ein Dutzend Dörfer, die sich noch viel von ihrer Ursprünglichkeit erhalten haben.

Im Norden findet sich überwiegend Marschboden mit entsprechend fetten Weiden, der südliche Inselteil besteht aus weniger ertragreichem Geestboden. In diesem etwas höher liegenden Gebiet wurden zur Besiedlungszeit die Dörfer angelegt, allerdings auch immer möglichst nahe bei den Feldern. Diese grundsätzliche Verteilung prägt noch heute das Inselbild.

Wyk bietet touristisch gesehen alles. Hier findet der Gast entsprechende Lokale, Geschäfte, Unterkünfte, eine Fußgängerzone zum Bummeln, den Strand mit Strandpromenade, den Fährhafen, aber auch noch genügend reizvolle Gassen mit alten Häusern. Im **Friesenmuseum** mit den beiden markanten Kieferknochen eines Wals am Eingang kann man sich über die Historie und Kultur der Insel informieren.

Nieblum ➡ C11/12 gilt als das schönste Friesendorf der Insel, vielleicht sogar darüber hinaus. Eine Vielzahl von reetgedeckten Häusern schmückt den Ort, der von der St.-Johannis-Kirche (auch »Friesendom« genannt) aus dem 13. Jahrhundert überragt wird. Auf dem angrenzenden Friedhof berichten etliche reich verzierte »sprechende Grabsteine« aus dem Leben der Verstorbenen.

Auch die restlichen Friesendörfer zeigen sich zumeist malerisch-gemütlich. Immer wieder lassen sich reetgedeckte Häuser mit idyllischen Gärten oder prächtige Windmühlen entdecken. Nördlich von Oldsum befindet sich ein **Vogelschutzgebiet**.

In **Alkersum** eröffnete ein Stifter mit Föhrer Wurzeln das **Museum Kunst der Westküste** und zeigt seine

St. Johannis, der mächtige »Friesendom« in Nieblum auf Föhr

interessante Sammlung skandinavischer, deutscher und niederländischer Maler des 19. und 20. Jahrhunderts in einem unaufdringlich umgebauten Friesenhaus.

Tourist Information ➡ C12
Am Fähranleger 1 und Stockmannsweg 1, 25938 Wyk
✆ (046 81) 300, www.foehr.de
April–Juni, Sept. Mo–Fr 9–15, Sa/So 9–14, Juli/Aug. Mo–Fr 9–17, Sa/So 9–15, Okt.–März Mo–Fr 10–14 Uhr

Friesenmuseum ➡ C12
Rebbelstieg/Ecke Museumstraße, Wyk
✆ (046 81) 25 71, www.friesen-museum.de
Mitte März–Ende Okt. tägl. außer Mo 10–17, Juli/Aug. auch Mo, Nov.–Mitte März tägl. außer Mo 14–17 Uhr
Eintritt € 4,80/2,50
Neben der Sammlung im Haupthaus findet sich hier das älteste Gebäude der Insel.

Museum Kunst der Westküste ➡ B12
Hauptstr. 1, 25938 Alkersum
✆ (046 81) 74 74 00, www.mkdw.de
Tägl. außer Mo März–Okt. 10–17, Nov.–Mitte Jan. 11–16 Uhr, Mitte Jan.–Feb. geschl.
Eintritt € 10, bis 18 J. frei
Die etwa 720 Gemälde und grafischen Werke entstanden zwischen 1830 und 1930 und setzen sich mit der Nordseeküste und dem Meer auseinander.

Das Friesenmuseum in Wyk

Der rot-weiße Leuchtturm von Pellworm ist seit 1907 in Betrieb

Autofähre ➡ C12
Wyker Dampfschiffs-Reederei (W. D. R.)
✆ (046 67) 940 30, www.faehre.de
Die Fähre pendelt mehrmals täglich nach Dagebüll.

Pellworm ➡ D/E12/13
»Grüne Marschinsel im Herzen des Nationalparks Schleswig-Holstein« nennt sich die 37 Quadratkilometer große Insel zu Recht. Nicht ganz 1200 Menschen leben hier, und die haben sich nicht völlig dem Tourismus ergeben – rund 50 Bauernhöfe existieren noch auf Pellworm. Grasende Schafe oder Kühe prägen das Bild.

Pellworm blieb, neben Nordstrand und zwei weiteren kleinen Halligen, nach der verheerenden Sturmflut von 1634 von der großen Insel Strand übrig. 6000 Menschen ertranken damals. Die Überlebenden versuchten auf den übrig gebliebenen Inselflecken ihr Leben neu aufzubauen. Dazu gehörte vor allem ein besserer Schutz vor Sturmfluten. Heute ist Pellworm von einem acht Meter hohen und 25 Kilometer langen Deich umgeben. Richtige Sandstrände fehlen, aber um die gesamte Insel verteilen sich Badestellen.

Die sogenannte Neue Kirche von Pellworm steht dort auch schon seit fast 400 Jahren

Der Hauptort, gleichzeitig ein Fähranleger, heißt **Tammensiel** ➡ D13. Dort befindet sich auch im Gebäude der Kurverwaltung ein **Inselmuseum,** das die Entwicklungsgeschichte von Pellworm erklärt. Am Hafen im alten Dampferschuppen bietet das kleine **Schifffahrtsmuseum** eine Ausstellung zu Pellwormer maritimen Themen (Mai–Aug. tägl. 10–17 Uhr).

Zwei historische Kirchen stehen auf der Insel, die praktischerweise die »Alte« und die »Neue« genannt werden. Die Alte Kirche, im Westen Pellworms im Alten Koog zu finden, heißt offiziell **St.-Salvator-Kirche** ➡ D12 und wurde um 1200 erbaut. An ihrer Seite erhebt sich eine 29 Meter hohe Turmruine, die als das Wahrzeichen der Insel gilt. Früher war der Turm fast doppelt so hoch, bevor er 1611 einstürzte. Im Innern befindet sich eine Arp-Schnitger-Orgel aus dem Jahr 1711. Im Sommer finden dort wöchentlich Orgel-Konzerte statt mit Künstlern aus ganz Europa.

Pellworms **Neue Kirche** ➡ D12 aus dem Jahre 1621 befindet sich heute ungefähr in der Inselmitte. Teile der Inneneinrichtung stammen aus den bei der Sturmflut des Jahres 1634 untergegangenen Kirchen.

Ganz im Inselwesten, in Schüttling, lädt das privat geführtes **Rungholtmuseum** zum Besuch ein (Mi ab 15 Uhr). Ein Hobbyarchäologe trägt seit Jahrzehnten zusammen, was er so im Watt findet. Unter seinen Fundstücken gibt es ganz Erstaunliches.

Im Inselsüden steht gleich bei der Hafeneinfahrt ein **Leuchtturm** ➡ D12/13 und gegenüber am nördlichen Inselrand eine **Windmühle** ➡ D12**,** die 1652 errichtet wurde und ein Restaurant beherbergt.

ℹ Kur- und Tourismusservice ➡ D13
Uthlandstr. 2, 25849 Pellworm
✆ (048 44) 189 40
www.pellworm.de
Saison Mo–Fr 9–16, manchmal Sa 10–12 Uhr

Autofähre ➡ D13
Pellworm
✆ (048 44) 753
www.faehre-pellworm.de
Eine Autofähre pendelt mehrmals täglich zwischen Pellworm und Strucklahnungshörn auf Nordstrand.

Helgoland

Die Insel mit dem markanten Felsen an der Nordseite, genannt **Lange Anna**, ist unterteilt in das Ober- und das Unterland, verbunden durch eine Treppe und einen Fahrstuhl, sowie das Mittelland im Südwesten. Hinzu kommt die rund einen Kilometer entfernte **Badedüne**, die jede halbe Stunde von der Fähre ab Landungsbrücke angesteuert wird. Helgoland ist stark vom Tourismus geprägt, insbesondere die Tagesgäste sind zahlreich.

Am Binnenhafen fallen sofort die farbigen **Hummerbuden** auf. Ein Bummel entlang der ehemaligen Geräteschuppen der Fischer, in die Kunst- und Fotogaleristen, Antiquitätenhändler und Gastronomen eingezogen sind, ist ein schöner Auftakt.

Das **Museum Helgoland** zeigt die geschichtliche Vielfalt der Insel. Vor dem Museum stehen auf dem Museumshof original nachgebaute Hummerbuden mit

Die »Lange Anna«, das Wahrzeichen von Helgoland

Deutschlands einzige Hochseeinsel

HELGOLAND

Schleswig-Holstein

Grün ist das Land, rot ist die Kant, weiß ist der Sand – das sind die Farben von Helgoland.« Dieser Vers charakterisiert schon recht gut die einzige Hochseeinsel Deutschlands, die immerhin 70 Kilometer vom Festland entfernt in der Nordsee liegt. Rötlich schimmernd erhebt sich die bis zu 61 Meter hohe Kliffkante aus dem Meer, betupft mit grüner Vegetation. Weiß hebt sich dagegen die nahe gelegene Düneninsel aus dem Meer ab. Helgoland misst nur knapp einen Quadratkilometer, die vorgelagerte Badedüne erreicht nicht einmal diesen Wert. Die Insel ist unterteilt in Ober- und Unterland. Eine lange Treppe und auch ein Fahrstuhl verbinden beide Teile. Markantes Wahrzeichen ist die Lange Anna, ein einzelner steil aufragender Felsen an der Nordseite.

Helgoland hat eine wechselvolle Geschichte. Bedeutende Daten waren 1814, als die Insel britisch wurde, und 1890, als sie an das Deutsche Reich überging, welches im Gegenzug auf koloniale Gebietsansprüche in Ostafrika und auf Sansibar verzichtete. 1952 wurde Helgoland dann wieder an Deutschland zurückgegeben, der Wiederaufbau setzte alsbald ein.

Brütet erst seit 1991 auf der Insel: der gänsegroße Basstölpel.

Heute ist die Insel ein beliebtes Reiseziel, vor allem für Tagesgäste, wobei die Gäste vom Ausflugsschiff in ein Börteboot umsteigen, das sie dann an Land bringt. Die farbigen Hummerbuden am Binnenhafen, einst von den Fischern genutzt, beherbergen heute Geschäfte, Galerien und Lokale. Vom Hafen aus führt eine Einkaufsstraße Richtung Oberland, wo sich ein Geschäft ans nächste reiht, kein Wunder, denn Helgoland gilt immer noch als Duty-free-Zone. Man kann hier also zollfrei einkaufen, muss sich aber an die Höchstmengen halten, bei der Abfahrt wird kontrolliert.

Ein Spaziergang über das Mittelland, durch die Sprengungen während des Zweiten Weltkriegs entstanden, und entlang der Kliffkante am Oberland sollte nicht fehlen. Unweit der Langen Anna befindet sich der Lummenfelsen; alljährlich im Juni ist die Zeit des Lummensprungs: Die flugunfähigen Jungvögel springen, von den Alttieren angelockt, die 60 Meter von der Felskante hinunter ins Meer.

Und wer baden möchte, fährt mit einer kleinen Fähre hinüber zur gerade mal einen Kilometer entfernten Düne. Die Helgoländer Geschichte wird im Museum Helgoland in der Nordseehalle aufbereitet.

INFO: Die Nordseeinsel liegt ca. 57 km von der Küste vor Cuxhaven entfernt. **INFO HELGOLAND:** Tourist Information, Lung Wai 27, 27498 Helgoland, Tel. (047 25) 80 88 08, www.helgoland.de, www.museum-helgoland.de.

An Helgolands Nordstrand: nicht sonderlich scheue Seehunde

verschiedenen Ausstellungen, so beispielsweise auch zum Helgoländer Kinderbuchautor James Krüss.

Am Rathaus informiert eine Tafel über die spannende Geschichte der Insel. Nachdem 1714 die Dänen Helgoland erobert hatten, wurde es 1807 britisch und für einige Jahre eines der größten Warenumschlagszentren Europas. 1826 gründete Jacob Andresen Siemens das Seebad, bevor die Insel 1890 an Deutschland übergeben und als Marinestützpunkt genutzt wurde. Im Mai 1945 besetzten die Engländer Helgoland und verwendeten es anschließend als Bomben-Übungsziel der Royal Air Force. Um Munition und Militäranlagen auf der Insel zu vernichten, führten die Briten 1947 eine gigantische Sprengung durch und verwandelten Helgoland in ein Trümmerfeld. Nachdem die Insel 1952 an Deutschland zurückgegeben worden war, begann der Wiederaufbau.

Vom Hafen aus führt die Einkaufsstraße **Lung Wai**, von vielen Gästen zum zollfreien Einkauf genutzt, Richtung Oberland. Und dort kommen Naturfans auf dem drei Kilometer langen Rundweg entlang der bis zu 61 Meter hohen Kliffkante voll auf ihre Kosten. Eine besondere Attraktion: Auf den schmalen Felssimsen des Lummenfelsens brüten Tausende von Vogelpaaren und im Juni stürzen sich die noch stummelflügeligen Jungvögel der Trottellummen ins Meer. Wer mehr über das Leben im Meer erfahren möchte, besucht das **Aquarium der Biologischen Anstalt**, das die Flora und Fauna der Nordsee zeigt.

Welche Maler, Dichter und Literaten sich von der rund 70 Kilometer vom Festland entfernten Nordseeinsel inspirieren ließen, erfahren Besucher auf dem ausgeschilderten **Kulturweg** durch Unter- und Oberland. Christian Morgenstern baute hier seine Staffelei auf und auch Heinrich Heine, Friedrich Hebbel, Heinrich von Kleist, Franz Kafka und viele andere fühlten sich auf Helgoland wohl.

Tourist Information ➡ H11
Lung Wai 27, 27498 Helgoland
✆ (047 25) 80 88 08
www.helgoland.de
Mo–Fr 9–16, Sa/So 11–15 Uhr

Museum Helgoland ➡ H11
Kurpromenade, Nordseehalle, Helgoland
✆ (047 25) 12 92
www.museum-helgoland.de
April–Anfang Nov. tägl. 10–14.30 Uhr, März nur Sa/So
Eintritt € 4/2
Museum zu Geschichte und Eigenarten der Insel.

Der 1936 erbaute Leuchturm am Südstrand der Düne

Weißwangengänse machen zweimal jährlich auf den Halligen Station

Die Halligen

Halligen ➡ C/D12/13 sind kleine und kleinste Marschinseln, die nur unwesentlich aus dem Meer herausragen. Heute existieren noch zehn – wie viele es einmal gab, ist nicht genau bekannt. Forscher können bis zu 90 nicht mehr existierende Halligen benennen. Nicht alle sind im Meer versunken, einige wurden auch durch Landgewinnung dem Festland einverleibt. Halligen bleiben immer gefährdet, denn viel mehr als ein nicht eingedeichtes Marschinselchen waren sie nie. Das Fehlen eines Deichs macht eine Hallig übrigens per Definition erst zur Hallig und nicht zur Insel. Noch immer erschallt mehrfach im Jahr der gefürchtete Ruf »Land unter!«

Hätten vier der zehn noch existierenden Halligen nicht doch irgendwann mal einen Deich gebaut, wären sie – Hooge, Langeneß, Gröde und Oland – vielleicht auch schon längst untergegangen. Und ob man die Hamburger Hallig und Nordstrandischmoor überhaupt noch als Hallig bezeichnen kann, darf auch ein wenig hinterfragt werden. Beide sind durch einen Damm mit dem Festland verbunden, genau wie Langeneß und Oland übrigens.

Elektrizität gab's erst sehr spät, und Wasser wurde zur Existenzfrage. Da das Grundwasser salzig war, stand den Halligbewohnern nur aufgefangenes Regenwasser zur Verfügung. In einer gemauerten Zisterne, Sood genannt, wurde Wasser für die Menschen gesammelt, im Fething, einer breiten offenen Kuhle, Trinkwasser für

Kleines Eiland, meerumschlungen

Hallig Hooge und das Wattenmeer

Schleswig-Holstein

Überschaubar ist sie, die Welt von Hooge. Hier gibt es von vielen Dingen nur wenig – wenige Menschen, wenige Häuser, eine einzige Kirche mit einer einzigen Glocke. Vielleicht wirkt das »Mehr« darum umso mehr: die Nordsee im Rundumhorizont, die übermächtige Natur und die Ruhe im Überfluss. Hooge ist die zweitgrößte der zehn Halligen im schleswig-holsteinischen Wattenmeer, die touristische Infrastruktur hält sich in Grenzen. Nach der Ankunft mit dem Schiff von Amrum, Sylt, Nordstrand oder Schlüttsiel aus kann man die Hallig zu Fuß, mit dem Rad oder per Kutsche erkunden. Überschaubare zwölf Kilometer hat man zurückgelegt, wenn man die 5,6 Quadratkilometer einmal ganz auf dem Sommerdeich umrundet hat – vorbei an zehn Warften. Warften, das sind von Menschenhand aufgeworfene Erdhügel. Wenige Höhenmeter, die die Häuser der Halligbewohner von der Nordsee trennen.

Zu Besuch in der Inselkirche von Hooge.

Der Blanke Hans treibt das Wasser dennoch oft bis zur Türschwelle – auf einer unbedeichten Hallig herrscht bis zu 50-mal im Jahr »Land unter«, das Sturmflutkino auf Hooge informiert Besucher darüber in einem Kurzfilm. Die See hat hier schon immer dafür gesorgt, dass sich ein Gefühl von festgemauerter Ewigkeit gar nicht erst einstellt – Halligen sind eine vergängliche Sache. Über hundert von ihnen sollen zwischen dem 14. und dem 19. Jahrhundert existiert haben und wieder verschwunden sein. Erst in der Neuzeit gelang es, die zehn übrig gebliebenen Halligen zu sichern, nach der großen Sturmflut von 1962 führte man umfangreiche Sanierungen durch.

Für mehr Langlebigkeit sollen neuere Konzepte sorgen: Der Nationalpark Schleswig-Holsteinisches Wattenmeer wurde 1985 ins Leben gerufen. Er definiert die größte zusammenhängende Wattenmeerlandschaft Europas, eine einzigartige und schutzbedürftige Küste, mit über drei Millionen Vögeln eines der vogelreichsten Gebiete der Erde. 2009 nahm die UNESCO das Wattenmeer in die Liste des Welterbes der Menschheit auf. Hallig Hooge selbst ist vom Nationalpark Schleswig-Holsteinisches Wattenmeer umgeben.

Info: Hooge ist eine Nordfriesische Insel und liegt zwischen Langeneß und Pellworm. **Info Hallig Hooge:** Touristikbüro, Hanswarft 1, 25859 Hallig Hooge, Tel. (048 49) 91 00, www.hooge.de, telefonische Auskunft Mo–Fr 9–15 Uhr. **Info Schutzstation Wattenmeer:** Nationalpark-Seminarhaus Hooge, Hanswarft 2, 25859 Hallig Hooge, Tel. (048 49) 229, www.schutzstation-wattenmeer.de.

das Vieh. Wehe, wenn bei Flut Salzwasser in Fething oder Sood floss, dann war das mühsam gesammelte Nass ungenießbar.

Auf den bewohnten Halligen findet ein bescheidener Tourismus statt. Nicht nur Tagesbesucher kommen, auch Ruhe liebende Urlauber können sich einmieten. Die größte Hallig ist die **Hallig Hooge** ➡ D12. Sie wird am häufigsten von den Tagesgästen besucht und hat das größte Bettenangebot. Auch die lang gezogene (10 km) **Hallig Langeneß** ➡ C12 ist touristisch recht gut erschlossen. Man kann sie nicht nur per Schiff erreichen (von Schlüttsiel), sondern auch per Lore auf einem Schienendamm.

Tourist Information ➡ D12
Hanswarft 1, 25859 Hallig Hooge
✆ (048 49) 91 00, www.hooge.de

Tourist Information ➡ C12
Ketelswarf 1, 25863 Langeneß
✆ (046 84) 217, www.langeness.de

Hallig Hooge, Langeneß ➡ C/D12
Hallig Hooge kann man von Nordstrand (Hafen Strucklahnungshörn) mit den zweimal täglich verkehrenden Adler-Schiffen erreichen oder ab Hafen Schlüttsiel mit verschiedenen Anbietern. Genauere Angaben siehe jeweils dort. Langeneß wird ebenfalls von Schlüttsiel aus angesteuert. ■

Touristen besuchen täglich die Hallig Langeneß

Daten zur Geschichte

47 n. Chr.	Erste Aufzeichnungen durch den römischen Chronisten Plinius den Älteren.
2. Jh.	Ptolemäus notiert: »Das Küstenland bis zur Ems bewohnen die Friesen. Nach diesen kommen die Kleinen Chauken bis zur Weser, dann die Großen Chauken bis zur Elbe.«
Bis 7. Jh.	Friesen und Angeln leben im nördlichen Küstenbereich. Die Angeln wandern später ins heutige England aus, die Chauken gehen im sächsischen Stammesverband auf.
700	Ein friesisches Großreich entsteht.
785	Karl der Große unterwirft die Friesen, gliedert sie in sein Frankenreich ein. Gleichzeitig beginnt die Christianisierung. Teile der Friesen verweigern sich, wandern ab nach Norden, besiedeln das heutige Nordfriesland.
804	Karl der Große erobert Teile des heutigen Schleswig-Holsteins, die Christianisierung beginnt auch hier.
Um 1000	Erste größere Deichbauten entstehen.
1025	Das nördlich der Eider gelegene Gebiet wird dänisch.
1164	Julianenflut. Schwere Verwüstungen in Nordfriesland.
1219	Marcellusflut. Vor allem die ostfriesische und holländische Küste ist betroffen, Chroniken berichten von 36 000 Toten.
1287	Luciaflut. An der gesamten Küste schwere Schäden mit sehr hohen Opferzahlen.
Ende 13. Jh.	Die Christianisierung schreitet voran, allein in Dithmarschen stehen 15 Kirchen, die auch teilweise eine politische Macht ausüben; dagegen stehen die selbstbewussten und starken Bauernverbände, »Geschlechter« genannt.
1362	Die erste »Grode Manndränke« zerstört die Küste, Sylt wird zur Insel.
14. Jh.	In Ostfriesland bilden sich unabhängige Gemeinschaften, die jeweils von einem Häuptling geführt werden.
Ende 14. Jh.	Seeräuber machen erst die Ostsee, dann die Nordsee unsicher, überfallen Handelsschiffe

Karl der Große unterwirft 785 die Friesen

Die Enthauptung Klaus Störtebekers 1401 auf dem Grasbrook bei Hamburg

von Kaufleuten aus Hamburg, Bremen und Lübeck. Zeitweise finden sie Unterschlupf bei den ostfriesischen Häuptlingen, so bei Widzel tom Brock in Marienhafe, unweit von Emden. Der bekannteste Pirat ist Klaus Störtebeker. Er wird auf Helgoland gefasst und 1401 in Hamburg geköpft.

1460 In Ripen (heutiges Dänemark) wird die Unteilbarkeit der Landesteile Schleswig und Holstein beschlossen.

1500 In der Schlacht von Hemmingstedt (bei Heide) versucht ein zahlenmäßig deutlich überlegenes Heer des dänischen Königs aufsässige Dithmarscher zu besiegen, erleidet aber eine fürchterliche Niederlage. Nicht ohne Stolz betrachten die Dithmarscher dieses Ereignis noch heute. Erst 1559 können die Dänen einen zweiten Waffengang erfolgreich gestalten.

1532 Allerheiligenflut. Große Schäden vor allem in Ostfriesland.

1570 Allerheiligenflut. Schäden an der ganzen Küste, in Ostfriesland werden komplette Dörfer zerstört, insgesamt mehrere tausend Opfer.

1634 Die zweite »Grode Manndränke« (Burchardiflut) zerreißt die Insel Strand (das heutige Nordstrand ist ein Überrest) und richtet große Schäden in Nordfriesland an; etwa 10 000 Menschen fallen ihr zum Opfer.

Hansekogge aus dem 15. Jahrhundert

Helgoland auf einer Postkarte um 1900

1714 Helgoland kommt an Dänemark.

1717 Die Weihnachtsflut fordert 12 000 Opfer, große Schäden auf den kleineren Ostfriesischen Inseln.

1747 Ostfriesland wird preußisch.

1797 Norderney erhält als erster Nordseeort den Status Seebad.

1807 Preußen verliert Ostfriesland an Napoleon, kurzfristig wird es damit französisch.

1814 Helgoland kommt von Dänemark an Großbritannien.

1815 Ostfriesland fällt ans Königreich Hannover.

1825 Februarflut. Schwere Schäden auf den Inseln Sylt, Pellworm, Föhr mit 800 Opfern.

1866 Schleswig-Holstein und Ostfriesland fallen an Preußen.

1869 Auf dem »königlich preußischen Jadegebiet« wird Wilhelmshaven erbaut, die Marine erhält einen neuen großen Nordseehafen.

1890 Durch den sogenannten Helgoland-Sansibar-Vertrag kommt Helgoland an das Deutsche Reich.

1895 Eröffnung des 1887 begonnenen, fast 100 Kilometer langen Kaiser-Wilhelm-Kanals (heute Nord-Ostsee-Kanal) zwischen Brunsbüttel und Kiel-Holtenau; die Schiffe müssen nicht länger um die Nordspitze Dänemarks fahren, um in die deutschen Ostseehäfen zu gelangen.

1920 Nach einem Volksentscheid fällt Nordschleswig an Dänemark, die Grenze wird verschoben. Sylt-Urlauber müssen umständlich über einen nun zu Dänemark gehörenden Hafen anreisen.

1927 Der Hindenburgdamm nach Sylt wird eingeweiht, die Bahn fährt jetzt direkt von Hamburg auf die Insel.

1939–45 Helgoland, Wilhelmshaven und Emden werden schwer bombardiert.

1947 Die Briten versuchen Helgoland zu sprengen, was misslingt, aber gewaltige Schäden verursacht.

1962 Februarflut. An der gesamten Nordseeküste schwere Schäden, überall brechen Deiche. Hamburg steht unter Wasser, dort ertrinken 315 Menschen.

1976 Schwere Sturmflut mit 20 Deichbrüchen an der Westküste, höchster je gemessener Pegelstand mit 6,45 Meter ü. N. N.

1980er Jahre Mit dem Beltringharder Koog wird dem Meer letztmalig in Schleswig-Holstein ein neuer Koog abgerungen.

Schlusssteinzeremonie für den Nord-Ostsee-Kanal in Kiel 1895

1985 Der Nationalpark Schleswig-Holsteinisches Wattenmeer wird gegründet; nach einer Erweiterung im Jahr 1999 umfasst er 441 000 Hektar.

1986 Der Nationalpark Niedersächsisches Wattenmeer wird mit einer Gesamtfläche von 240 000 Hektar gegründet.

1988 Großes Seehundsterben; etwa 17 000 Tiere gehen ein, das sind knapp 60 Prozent der Population.

1991 Auf Föhr kommt es zum »Dosenschwur«, der insulare Handel verzichtet seitdem auf den Verkauf von Einwegverpackungen und Getränkedosen.

1998 Der Holzfrachter »Pallas« fängt Feuer, die Besatzung wird evakuiert. Das Schiff treibt durch die Nordsee, bis es etwa zehn Kilometer vor Amrum auf Grund läuft und langsam im Meeresboden versinkt.

1999 Sturm »Anatol« richtet schwere Schäden an der Nordseeküste an; zwei große Fluten, im Februar und im Herbst, lassen den Pegel auf knapp sechs Meter steigen.

2009 Das Wattenmeer wird in die UNESCO-Liste des Weltnaturerbes der Menschheit aufgenommen.

Der einzigartige Lebensraum Wattenmeer wurde in die Liste des UNESCO-Weltnaturerbes aufgenommen

Diese kurze Geschichte der Nordseeküste belegt die alte Seemannsweisheit: »Das Gefährlichste am Meer ist die Nähe zum Land.« Wie groß die Gefahr auch sein mag, die **Deutsche Gesellschaft zur Rettung Schiffbrüchiger (DGzRS)** hilft, wo sie kann, freiwillig und unabhängig. Frei von staatlicher Unterstützung. Das Einzige, wovon die Besatzungen der Seenotrettungskreuzer abhängig sind, ist Ihre Hilfsbereitschaft.

Deshalb achten Sie auf das weiß-rote Rettungsboot, das Sie vielerorts an der Küste antreffen werden, oder spenden Sie unter www.seenotretter.de.

2010 Etwa 45 Kilometer vor der Insel Borkum wird vom Strand nicht sichtbar mitten in der Nordsee der erste deutsche Meereswindpark in Betrieb genommen.

2012 Schleswig-Holstein wählt einen neuen Landtag und erstmals kommt es zu einer sogenannten Dänen-Ampel, einer Koalition aus SPD, Grünen und SSW, dem Südschleswigschen Wählerverband, der die dänische Minderheit vertritt.

2013 143 Jahre nach seinem Untergang taucht vor Hallig Südfall (westlich der Insel Pellworm) ein Wrack aus dem Meer auf. Die 1870 untergegangene Bark »Ulpiano« wurde von den Meeresströmungen freigespült.

2017 Nach schweren Stürmen verschwinden Teile des Strandes und der Dünenkette an der Südspitze Sylts vor Hörnum im Meer.

2019 Das größte Wattgebiet der Welt entlang der Nordseeküste von Den Helder (Niederlande) bis Esbjerg (Dänemark) feiert mit vielen unterschiedlichen Veranstaltungen 10 Jahre UNESCO-Weltnaturerbe-Status.

2020 In Büsum wird mit dem Lighthouse Hotel ein modernes Haus eröffnet, was einen Trend fortsetzt, der vor ein paar Jahren begann und mit dem neue Kunden angesprochen werden sollen. ■

Die Nordseeküste in Zahlen und Fakten

Schleswig-Holstein
Einwohner: 2,89 Mio.
Landeshauptstadt: Kiel
Fläche: 15 800 km^2
Bevölkerungsdichte: 184 Einwohner je km^2
Höchster Berg: Bungsberg (168 m, mit einem Skilift!)
Längster Fluss: Eider (180 km)
Größter See: Großer Plöner See (29 km^2)
Nordsee-Küstenlänge: 202 km ohne Inseln, 468 km einschließlich Inseln und Halligen
Wirtschaft: Sie ist relativ strukturschwach mit nur zwei Großstädten (Lübeck, Kiel) und stark landwirtschaftlich geprägt. Im Umland von Hamburg leben viele Pendler. Die Ostseeküste wird zumindest teilweise von mittelgroßen Häfen geprägt (Flensburg, Kiel, Lübeck). In den letzten Jahren wurden große Kontingente der Bundeswehr abgezogen, was sich ökonomisch in den jeweiligen Gemeinden bemerkbar macht. Größter Arbeitgeber ist jedoch immer noch die Bundeswehr (25 700 Beschäftigte), gefolgt vom Universitätsklinikum Schleswig-Holstein (10 700 Mitarbeiter). Große Bedeutung haben zudem Tourismus, Schiffbau und Fischfang.

Niedersachsen
Einwohner: 7,99 Mio.
Landeshauptstadt: Hannover
Fläche: 47 700 km^2
Bevölkerungsdichte: 167 Einwohner je km^2
Höchster Berg: Wurmberg (971 m im Harz)
Längster Fluss: Weser (379 km)
Größter See: Steinhuder Meer (30 km^2)
Nordsee-Küstenlänge: 373 km ohne Inseln, 628 km mit Inseln
Wirtschaft: Der wirtschaftliche Schwerpunkt liegt in der sogenannten Metropolregion Hannover–Braunschweig–Göttingen, vor allem durch VW in Wolfsburg sowie die Stahlindustrie in Peine und Salzgitter. Weite Teile des Landes sind dagegen noch landwirtschaftlich geprägt, aber die Bedingungen schwanken erheblich, je nach Beschaffenheit des Bodens. Neben Tourismus, der auch im Binnenland (Harz) eine große Rolle spielt, ist die Bundeswehr ein großer Arbeitgeber, außerdem VW (Wolfsburg), Continental AG, TUI (Hannover) und die gesamte Energiewirtschaft.

Anreise

Mit dem Auto

Wer an die Nordseeküste Schleswig-Holsteins mit seinem Auto reisen möchte, dem schiebt sich bei Hamburg ein echtes Hindernis in den Weg: die Elbe. Normalerweise keine wirkliche Hürde, denn die Autobahn A7 führt durch den vierspurigen Elbtunnel. Nur an manchen Tagen staut sich der Verkehr doch teilweise über mehrere Kilometer zurück; insbesondere zur Feriensaison. Wer diesen potenziellen Stau umgehen möchte, kann auch zum kleinen Elbdorf Wischhafen nördlich von Stade fahren und mit einer Fähre nach Glückstadt die Elbe queren (✆ 041 24-24 30, www.elbfaehre.de). Von dort geht es dann über Itzehoe wieder auf die Autobahn gen Nordsee. Die A 23 endet in jedem Fall in Heide, von dort führt die meist gut ausgebaute B 5 bis hoch zur dänischen Grenze.

Wer an die niedersächsische Nordseeküste reisen möchte, hat verschiedene Optionen. In den Raum Cuxhaven führt die A27 über Bremen und in Wilhelmshaven endet die A29 aus Oldenburg kommend. Die A31 führt nach Emden, mehrere Bundesstraßen verlaufen von dieser Autobahn hoch an die Küste.

Autofähren gibt es an vielen Anlegestellen in Schleswig-Holstein

Seinen Wagen kann man nicht auf jede Insel mitnehmen. In Schleswig-Holstein gilt das für alle Halligen und für Helgoland. In Niedersachsen sind folgende Inseln autofrei: Juist, Baltrum, Langeoog, Spiekeroog, Wangerooge. Und selbst auf Borkum und Norderney sind die Möglichkeiten zum Fahren stark eingeschränkt. Man ist also gehalten, sein Auto auf dem Festland stehenzulassen. In allen Fährorten gibt es deshalb große Parkflächen und sogar Garagen.

Wer nach Sylt will, kann wählen zwischen einer Fährverbindung vom dänischen Rømø (htps://syltfaehre.de) und dem Autozug ab Niebüll mit dem treffenden Namen »SyltShuttle« (✆ 018 05-93 45 67, www.syltshuttle.de) bzw. mit dem «Autozug Sylt», Infos: www.autozug-sylt.de.

Mit der Fähre

Alle Inseln werden von einer Fähre angesteuert, nach Helgoland schippern sogar mehrere Gesellschaften. Auch nach Amrum gibt es mehr als eine Möglichkeit, aber nur eine Autofähre, nämlich die von Dagebüll. Nach Borkum kann man vom deutschen Hafen Emden fahren, aber auch vom holländischen Eemshaven. Zusätzlich verkehrt noch ein schnellerer Katamaran, der aber nur Passagiere befördert.

Fährüberfahrt nach Juist

Mit solch einer Bahn erreicht man die Hallig Langeneß

Mit der Lore

Zu einigen Halligen gelangt man nur mit einer wackeligen Lore über einen durchs Watt verlaufenden Schienenstrang: nach Hallig Langeneß, Hallig Oland und Nordstrandischmoor, jeweils vom Festland aus. Die Anreise wird mit der Buchung des Quartiers auf der Hallig vereinbart.

Mit der Bahn zu den Inseln

Nur auf die Insel Sylt kann man direkt mit dem Zug fahren (Hamburg–Niebüll–Westerland). Die Strecke führt kurz vor Erreichen der Insel über den elf Kilometer langen Hindenburgdamm mitten durchs Wattenmeer.

Einige der Fährhäfen haben auch einen kleinen eigenen Bahnhof, an dem Kurswagen und Zubringerzüge enden. Dort steigt man aus dem Zug und geht nur ein paar Schritte hinüber zur Fähre; möglich ist dies in Dagebüll (Bahnhofsname: Dagebüll-Mole), Norddeich (Bahnhofsname: Norddeich-Mole) und Emden (Bahnhofsname: Emden Außenhafen). Bei allen anderen Fährhäfen geht es per Bahn nur bis zum nächstgelegenen Bahnhof und von dort mit einem Bus weiter zum Hafen.

Mit der Bahn zu den Festlandsorten

In Schleswig-Holstein führt eine Bahnlinie von Hamburg hoch nach Sylt entlang der gesamten Westküste, passiert dabei aber längst nicht alle Urlaubsorte. Einfacher Grund: Die Bahnstrecke verläuft teilweise recht weit im Hinterland. In die großen Küstenorte führen

Wer mit dem Flugzeug anreist, dem bietet sich ein grandioser Ausblick auf die Nordseeküste

dann Stichstrecken. Nach Büsum muss in Heide umgestiegen werden und nach St. Peter-Ording in Husum.

In Niedersachsen erreicht man Cuxhaven, Wilhelmshaven, Esens, Dornum, Norden und Emden mit der Bahn, die kleineren Küstenorte nur mit Busanschluss.

Mit dem Flugzeug

Sylt kann man mit Umsteigen von vielen Orten aus der Luft erreichen, Helgoland ebenso. Wangerooge wird vom Festlandsort Harle angesteuert. Weitere Verbindungen: Emden–Borkum, Norddeich–Juist und Harle–Borkum.

Infos:
www.inselflieger.de
www.flughafen-sylt.de
www.helgoland.de
www.fliegofd.de

Auskunft

Jeder Ort hat sein eigenes Informationsbüro, bei dem Interessierte neben zumeist recht umfangreichen Unterkunftsverzeichnissen auch allerhand nützliche Hinweise bekommen können. Wer sich zunächst nur einen

Überblick verschaffen möchte, kann sich im Internet informieren, denn alle Urlaubsorte haben auch einen – zumeist gut gemachten – Internetauftritt.

Autofahren

Auf den allermeisten Inseln kann man gar nicht oder nur sehr eingeschränkt Auto fahren. Gänzlich autofrei sind Helgoland, Wangerooge, Spiekeroog, Langeoog, Baltrum und Juist sowie die Halligen. Auf Norderney und Borkum ist das Autofahren stark reglementiert, und auf Amrum gibt es im Prinzip nur eine acht Kilometer lange Straße. Auch auf Pellworm stößt man schnell wieder an den nächsten Deich. Einzig auf der 40 Kilometer langen Insel Sylt und auf Föhr gibt es genügend Straßen, die sich allerdings zu sommerlichen Stoßzeiten auch immer recht schnell füllen.

Das Fahren entlang der Küste ist grundsätzlich unproblematisch. Die manchmal arg schmalen Straßen teilt man sich aber oft genug mit Radfahrern und vereinzelt auch mit Treckern.

Einkaufen

An den Küsten gilt die sogenannte **Bäderregelung,** nach der auch an bestimmten Sonntagen die Geschäfte öffnen dürfen. In Schleswig-Holstein gilt dies für den

Shopping in der Marktstraße in Wilhelmshaven

Zeitraum 15. März bis 31. Oktober: Geschäfte dürfen sonntags für sechs Stunden öffnen. In Niedersachsen ist es in 180 Kur- und Erholungsorten in der Zeit vom 15. Dezember bis 31. Oktober erlaubt, an allen Sonn- und Feiertagen für acht Stunden zu öffnen. In vielen Orten finden **Wochenmärkte** statt, auf denen immer mehr Bio-Händler ihre Produkte anbieten, die teilweise extra zu diesen Märkten vom Festland auf eine der Inseln anreisen.

Immer beliebter werden auch **Hofläden**, bei denen Bauern ihre Waren direkt vermarkten. Speziell in Schleswig-Holstein gibt es im Umfeld der großen Ferienorte Büsum und St. Peter-Ording etliche Hofläden, die teilweise an strategisch günstigen Stellen entlang wichtiger Straßen liegen.

Regionale Produkte finden sich überall, aber nirgends gibt es so viele wie auf Sylt. Anscheinend verkauft sich ein Artikel mit Sylt-Etikett gleich sehr viel besser als ohne, weswegen beispielsweise Pralinen, Meersalz, Milch, Austern, Seife, Bier und Eier etc. mit Sylt-Stempel angeboten werden. Frischer **Fisch** wird in vielen Häfen direkt vom Kutter oder aus kleinen Buden im Hafen verkauft. Fischbrötchen gibt es eigentlich überall.

Beliebte touristische **Mitbringsel** sind Bernstein, Sanddorn-Produkte, Schmuckstücke mit Inselformen, T-Shirts mit Insel-Logo oder mit dem Schriftzug bekannter Lokalitäten. In den letzten Jahren wurden Krimis mit regionalem Bezug immer beliebter. Meist ist ein hoher Wiedererkennungseffekt garantiert.

Fischtheke auf Wangerooge

Wochenmarkt in Jever

Essen und Trinken

An der Küste gibt es Deftiges auf den Teller. So möchte man meinen – und im Prinzip stimmt das ja auch. Allerdings sollte nicht übersehen werden, dass auch Feinschmecker auf ihre Kosten kommen. Speziell auf Sylt und auf Norderney gibt es erstklassige Restaurants, aber nicht nur dort.

Überall wird der Urlauber **Fisch** angeboten bekommen, das muss ja auch so sein an der Küste. Gebraten, gekocht, gedünstet, geräuchert, alles ist möglich. Wer aber glaubt, Aalsuppe bestehe hauptsächlich aus Aal, der irrt. Hier landet Fleisch in der Suppe, auch Gemüse; vielleicht auch wirklich mal ein Stückchen Aal, aber der Name leitet sich nicht von diesem Fisch ab, sondern vom plattdüütschen »aal in de Supp« (alles in die Suppe).

Matjes – jungen Hering – bekommt man ebenfalls überall, eigentlich nur zur richtigen Matjeszeit (im Frühsommer), aber mittlerweile auch zu anderen Zeiten. Er wird mit Zwiebelringen, Apfelstücken, Sahne und Kartoffeln serviert. Ganz Mutige essen ihn auch schier, soll heißen: am Schwanz anpacken, Mund auf und hinein. Ebenso werden überall Krabben, auch Granat genannt, als Krabbenbrötchen oder -suppe angeboten. Deftiges kommt aber nicht rund ums Jahr auf den Teller, sondern verstärkt in der kälteren Jahreszeit, beispielsweise **Rübenmus**. Das sind zerkleinerte Steckrüben, Karotten und Kochwurst. Oder auch Grünkohl, der mit Kartoffeln, Schweinebacke und Kochwurst serviert wird. Aber erst nach dem ersten Frost, vorher nicht.

Der Klassiker schlechthin: das Fischbrötchen

Labskaus ist auch ein eigenwilliges Gericht, aber jahreszeitenunabhängig. Es leuchtet einem etwas suspekt rötlich entgegen. Bestandteile sind gepökeltes Fleisch, Gurken, Matjesfilets, rote Bete (daher die Farbe) und Kartoffeln. Alles gut vermischt und mit einem Spiegelei garniert.

Ein **Bauernfrühstück** gibt es tatsächlich nicht am Morgen; es besteht aus Bratkartoffeln, Würfelschinken, Gurken und Rührei, vermengt zu einem Omelette.

Und wenn einem im Friesischen eine **Tasse Tee** angeboten wird, dann heißt es aufpassen! Erst den Tee einschenken (lassen!), dann die Kluntje (Kandis) hinein (hier darf man noch umrühren), dann erst die Sahne (jetzt auf keinen Fall umrühren!).

Das **Preisniveau** kann als durchweg moderat bezeichnet werden mit einer leichten Tendenz nach oben auf den Inseln. Auf Sylt jedoch, daran führt nun kein Weg vorbei, mit einer deutlich steileren Tendenz nach oben.

Feste, Veranstaltungen

Neben den allgemein gültigen Feiertagen gibt es so etwas wie das Nationalfest zumindest der Nordfriesen, das **Biikebrennen**. Am 21. Februar werden bei Anbruch der Dunkelheit große Holzstapel verbrannt, friesische Ansprachen gehalten und danach essen alle Beteiligten Grünkohl satt. Hintergrund war einst die Verabschie-

Stradivari im Kuhstall

Schleswig-Holstein Musik Festival

Schleswig-Holstein

Das Schleswig-Holstein Musik Festival ist eines der größten Klassikfestivals Europas. Jedes Jahr finden im Juli und August an zahlreichen Spielstätten in Schleswig-Holstein mehr als 120 Konzerte statt. Seit seiner Gründung 1986 durch Justus Frantz gehört das Schleswig-Holstein Musik Festival (SHMF) zu den herausragenden internationalen Kulturereignissen und ist Vorbild zahlreicher ähnlicher Events in ganz Deutschland und Europa. Aktuell ist Christian Kuhnt Intendant des Festivals, das nun jedes Jahr einem anderen Komponisten eine Retrospektive widmet.

Die mitunter hochkarätigen Musiker spielen an den unterschiedlichsten Örtlichkeiten: in Kirchen, alten Ställen und Scheunen oder in eleganten Herrenhäusern und imposanten Schlössern. Aber auch in Werften oder Flugzeugterminals wird auf die Tasten gehauen oder in die Saiten gegriffen. Auch für Eltern mit Kindern gibt es sehr gute Möglichkeiten, das SHMF zu genießen: Zum einen gibt es das Angebot der Kindermusikwerkstatt, bei dem Kinder zwischen drei und 13 Jahren während der Konzerte von Musikpädagogen betreut werden. Zum anderen dürften auch die »Musikfeste auf dem Lande« – eine Verbindung von klassischer Musik und Picknick – den kleinen Zuhörern gut gefallen.

Jungen Talenten stehen die 1987 von Leonard Bernstein gegründete Orchesterakademie und die Chorakademie offen und bei den Meisterkursen in Lübeck werden Nachwuchskünstler gefördert. Seit 2002 gehört auch das internationale Jazzfestival JazzBaltica zum Musikfestival.

Info Schleswig-Holstein Musik Festival: Palais Rantzau, Parade 1, 23552 Lübeck, Tel. (04 51) 389 57-0, (04 31) 23 70 70 (Tickets), www.shmf.de, Eintritt ab € 10.

Picknick auf Gut Emkendorf, einer der Spielstätten des Schleswig-Holstein Musik Festivals.

Achtung Boßelspiele!

dung des Winters und auch der Seeleute, die nun bald wieder hinaus mussten.

Weit verbreitet an der ganzen Küste ist ein seltsames Spiel: **Boßeln**. Wie das funktioniert? Nicht ganz leicht zu erklären. Im Kern geht es darum, dass zwei Mannschaften über eine bestimmte Distanz (etwa 10 km) über Felder und Straßen ziehen und dabei wechselseitig eine nicht ganz leichte Kugel werfen. Wobei »werfen« nicht so ganz stimmt, es ist mehr ein Schleudern, das einer Kegelbewegung sehr nahe kommt. Punkte werden nach sehr weiten Würfen erzielt, wenn die gegnerische Mannschaft nicht mal mit zwei Würfen an die vorgelegte Kugel heranreicht. Aber vor allem gibt es nach einem erfolgreichen Wurf erst mal einen Schluck aus der Buddel, denn geboßelt wird vorzugsweise im Winter, wenn die Äcker gefroren sind und die Kugel so richtig schön kreuz und quer von den gefrorenen Ackerkrumen wegspringt.

Das sogenannte Klotstockspringen gehört zur Nordfriesenolympiade von Friedrichstadt

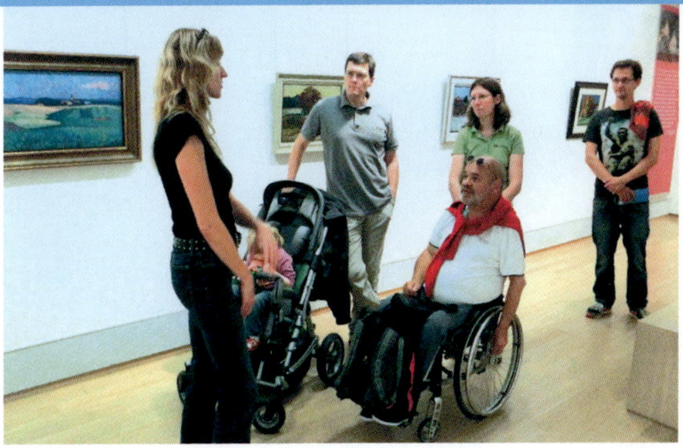

Führung durch die Malschule und Kunsthalle in Emden

Hinweise für Menschen mit Handicap

Inzwischen sind etliche Einrichtungen barrierefrei gestaltet: Museen oder Kirchen wurden entsprechend umgebaut, auch Unterkünfte und Lokale denken verstärkt an mobilitätseingeschränkte Gäste. In den größeren Badeorten können heutzutage spezielle Strand-Rollis ausgeliehen werden, mit denen man auch im weichen Sand fahren kann. In Westerland auf Sylt steht ein Tastmodell der Stadt vor dem Rathaus – auch für Sehende eine ganz neue Erfahrung.

Infos zum barrierefreien Urlaub finden sich unter:
www.nordseetourismus.de/alle-barrierefrei bzw.
www.die-nordsee.de/barrierefrei

Internet

Auch an der Nordseeküste bieten immer mehr Hotels und Vermieter kostenlosen Internetzugang bzw. WLAN an.

Infos im Netz über die Region:
www.deutsche-nordsee.info (Infos zur gesamten Nordseeküste)
www.die-nordsee.de (Infos zur niedersächsischen Küste)
www.nordseetourismus.de (Infos zur Küste in Schleswig-Holstein)

Klima, Kleidung, Reisezeit

Nordseebesucher müssen sich damit abfinden, dass das Wetter unbeständig ist. Erfahrene Urlauber kennen denn auch das Spiel: Sonne da – Plünnen ausziehen,

Im Winter am Strand auf Norderney

Sonne weg – Plünnen wieder an. In genereller Linie ist das Wetter auf den Inseln und an der Küste meist eine Spur besser als weiter hinten auf dem Festland. Der Wind vertreibt zumeist recht schnell selbst hartnäckige Wolken.

Der Wind weht am Meer ständig, meist aus West, also vom Meer kommend. Deshalb kein Nordseeurlaub ohne Windjacke, ohne Sweatshirt, ohne Sommerpullover. Speziell gegen Abend kühlt es meist spürbar ab. Regenbekleidung gehört auch zum Standard und darf nie vergessen werden.

Im **März und April** ist es noch ziemlich kalt, also auch zur Zeit der Osterferien. Auch wenn die Sonne schon manchmal kräftig scheint, die Luft erwärmt sich kaum vor Ende April.

Der **Mai** ist dagegen generell schön, kann sich aber auch wechselhaft zeigen; schöner ist meist der **Juni**. Er hat oft sehr angenehme Temperaturen, die Abende sind mild. Der **Juli** ist ein Wackelkandidat: Schönstes Sommerwetter wie aus dem Bilderbuch ist genauso möglich wie wochenlanger Regen.

August ist tendenziell eher sommerlich, vor allem die zweite Monatshälfte. Der **September** beschert meist schöne Tage, aber es wird schon spürbar kühler. Und im **Oktober** schafft es die Sonne kaum noch, die Luft zu erwärmen, auch wenn sie häufig scheint und die Laubfärbung zauberhaft ausleuchtet.

Kurtaxe

In den Ferienorten der ostfriesischen Nordseeküste wird in der Hochsaison mit der Übernachtungsrechnung ein Kurbeitrag erhoben. Im Gegenzug erhält man die Nordsee-ServiceCard, mit der man zahlreiche Serviceleistungen in den teilnehmenden Orten in Anspruch nehmen kann.

Sie ermöglicht freien Zutritt zu den Stränden der niedersächsischen Nordseeküste, ermäßigtes Parken u. v. m. Auch in anderen Orten der Nordseeküste wird eine Kurtaxe von bis zu € 3 pro Tag und Person erhoben, aber mit der jeweiligen örtlichen Kurkarte sind auch meist Vorteile und Ermäßigungen verbunden.

Mit Kindern an der Nordseeküste

Sobald ein Strand in Sichtweite ist, sind die lieben Kleinen schon beschäftigt. Aber auch sonst bemühen sich viele Orte redlich, den kleinen Urlaubern ein buntes Programm zu bieten. Das fängt bei eigens errichteten Spielstätten an, setzt sich über ganztägige Kinderanimation fort und endet bei einem richtigen Kinderzirkus auf Sylt, wo die Kleinen eine Woche lang Kunststücke einüben und abschließend ihren großen Auftritt haben.

Eierlopen in Ostfriesland

Bensersiel ➡ M6
Bennis Abenteuerland: Der große Indoor-Sandspielplatz, direkt am Strand gelegen, bietet viel Raum zum Spielen und Toben (www.bensersiel.de).

Bremerhaven ➡ N/O12
Deutsches Auswandererhaus ➡ cA1: Hautnah kann man hier die Mühen derjenigen nachvollziehen, die nach Übersee auswanderten (www.dah-bremerhaven.de).
Phänomenta ➡ cE2: Phänomene aus Natur und Technik. Motto: »Anfassen und Ausprobieren erwünscht!« (www.phaenomenta-bremerhaven.de).

Brunsbüttel ➡ K15
Kanalschleuse: Hier müssen auch die dicksten Pötte langsam durch. Besucher stehen staunend am Ufer (www.nok-sh.de).

Emden ➡ P4
Dat Otto Huus: In dem schrägen Museum dreht sich alles um den Komiker Otto Waalkes (www.ottifant.de).
Abenteuerland Okidoki: Große Spiel- und Spaßhalle mit vielen Attraktionen (www.okidoki-emden.de).
2 **Kunsthalle:** Malkurse speziell für die lieben Kleinen (http://kunsthalle-emden.de).

Friedrichskoog ➡ H14
Seehundstation: Die possierlichen Seehunde sind gut zu beobachten (www.seehundstation-friedrichskoog.

Im Otto Huus dreht sich alles um den bekannten Komiker

Spielplatz mit Piratenschiff auf Spiekeroog

de). Im **Indoor-Spiel-Wal** finden Kinder zahllose Sport- und Spielmöglichkeiten (www.wal-friedrichskoog.de).

Husum ➡ D/E14/15
Nordfrieslandmuseum Nissenhaus: Vorstellung von Nordfrieslands Küste und seiner Bewohner (www.museumsverbund-nordfriesland.de).
Poppenspäler Museum: »Pole Poppenspäler« ist eines der bekanntesten Werke von Theodor Storm. In dem Museum werden zahlreiche Marionetten ausgestellt (www.pole-poppenspaeler.de).

Norddeich ➡ N4
Waloseum: Neben dem Originalskelett eines gestrandeten Wals werden viele Infos zu den Meeressäugern vermittelt (www.waloseum.de).

Tönning ➡ F14
Multimar Wattforum: Hier können Kinder die Nordsee, das Watt und deren Bewohner hautnah kennenlernen. Anfassen und Ausprobieren sind erlaubt (www.multimar-wattforum.de).

Sylt ➡ A/B10/11
In List auf Sylt bietet das 9 **Erlebniszentrum Naturgewalten** ➡ aA2 (www.naturgewalten-sylt.de) auf spielerische Art Einblick in die Welt der Nordsee.

Beachbar in Westerland auf Sylt im »Klassenzimmer-Style«

Nachtleben

Die Amüsiermöglichkeiten fallen ein wenig unterschiedlich aus. In den kleineren Küstenorten beschränkt sich das Angebot schon mal auf die Dorfschänke, großes Remmidemmi wünscht dort eben niemand. Auf Borkum und noch mehr auf Norderney findet man dagegen durchaus genügend Lokale und Discos.

Und Sylt ist sowieso bekannt für sein attraktives Nachtleben. Wenn die Promis im Juli dort feiern, berichtet die Presse zuverlässig darüber. Man kann getrost behaupten, dass auf Sylt das größte Angebot an Kneipen, Discos, Partys und Restaurants der ganzen Küste herrscht.

Notfälle, wichtige Rufnummern

Notruf ✆ 112
ADAC-Pannendienst ✆ (018 02) 22 22 22
Seenotrettung ✆ (04 21) 53 68 70

Presse

Neben mehreren kleinen Zeitungen, wie beispielsweise der »Norderneyer Badezeitung« oder der »Borkumer Zeitung« gibt es an der Nordseeküste einige überregionale Medien:

Nordsee-Zeitung – Tageszeitung in Bremerhaven, deren Redaktion für sechs weitere Regionalzeitungen zwischen Elbe und Weser den überregionalen Teil produziert.
Ostfriesen-Zeitung – regionale Tageszeitung für die westliche Region von Ostfriesland.
Ostfrieslandmagazin – Regionalmagazin, das Reportagen und Hintergründe über die ostfriesischen Inseln, das ostfriesische Festland und das Oldenburger Friesland bringt.
Cuxhavener Nachrichten – in Cuxhaven und Umgebung, außerdem erscheint mittwochs die Wochenzeitung **Elbe Weser aktuell**.

In Schleswig-Holstein gibt der Schleswig-Holsteinische Zeitungsverlag 22 Regionalzeitungen heraus, darunter zu etlichen Orten an der Nordseeküste, etwa die **Sylter Rundschau**, das **Nordfriesland Tageblatt**, den **Insel Boten** (Föhr, Amrum, Halligen) oder die **Husumer Nachrichten**. In Heide und Umgebung erscheint die **Dithmarscher Landeszeitung** mit Regionalausgaben in Brunsbüttel und Marne.

Krabbenkutter auf dem Heverstrom bei Husum

Sport und Erholung

In sehr vielen Orten existieren **Meerwasserbäder, Freibäder** und/oder größere Saunalandschaften. Zum einen traut man wohl dem eigenen Wetter nicht so recht, zum anderen versuchen die Tourismusmanager so die Saison zu verlängern.

Die sportive Seite wird in einigen Orten ganz gezielt angesprochen. So finden beispielsweise auf Norderney, Sylt und in St. Peter-Ording große **Beachvolleyball-Turniere** statt.

Auch **Surfen** ist in etlichen Orten ein Thema, auf Sylt findet im September der Weltcup statt und in St. Peter-Ording im **Kiten**. Am langen Strand von St. Peter-Ording wetteifern im Frühjahr und im Herbst die **Strandsegler**.

Hobby-Läufer können bei verschiedenen Wettkämpfen an den Start gehen, beispielsweise auf Sylt über 33,333 km. Auf Helgoland findet sogar ein richtiger Marathon statt, beim **Nordseelauf** geht es »in 8 Tagen über 8 Inseln«, gemeint sind die sieben Ostfriesischen Inseln und zum Abschluss auch noch Neuwerk.

Fahrräder kann man in vielen Orten leihen, wenn auch nicht auf Baltrum, Spiekeroog und Helgoland.

Mit dem Fahrrad am Südstrand in Wilhelmshaven

Nordic Walking ist eine beliebte Sportart an der Nordsee

Auf Sylt ist ein **Nordic Walking Park** eingerichtet mit einem insgesamt 220 km langen Streckennetz. Gegen geringe Gebühr ist ein Routenplaner mit Übersichtskarte in allen Kurverwaltungen erhältlich. Ähnliches existiert auf Borkum und auch auf Norderney gibt es ausgeschilderte Strecken.

Sprache

Plattdüütsch

Es ist ja nicht so, dass jeder Küstenbewohner Plattdüütsch schnacken könnte. Bei Weitem nicht! Eher sind es die Älteren, die das Idiom noch selbstverständlich lernten. Nur auf dem platten Land, in den Dörfern sprechen es heute auch noch die Jüngeren, in den Städten bleibt das eher die Ausnahme. Aber zumindest verstehen können es doch noch recht viele Norddeutsche. Im 13. bis 16. Jahrhundert war Plattdüütsch eine wichtige Verkehrssprache. Hochdeutsch kam erst sehr viel später auf, verdrängte dann aber so langsam das Platt. Irgendwann in den 1970er Jahren war es einfach nicht mehr schick, Platt zu schnacken. Aber heutzutage erlebt der Dialekt zweifellos eine Renaissance.

Dabei gibt es kein einheitliches Sprachbild. Begriffe fallen teilweise schon von Dorf zu Dorf unterschiedlich aus. So heißt beispielsweise »Schornstein« im Wesergebiet »Schostein«, hingegen im westlichen Niedersachsen »Schosteen«, im südlichen Niedersachsen »Schorstein« oder gar »Schottsteen«.

Etwas vereinfacht kann gesagt werden, dass es in einem großen zentralen Bereich von Schleswig-Holstein, Hamburg und weiten Teilen von Niedersachsen eine Art Verständigungskonsens gibt mit relativ leichten regionalen Abweichungen. An den geografischen Randgebieten fallen die sprachlichen Abweichungen dann deutlicher aus, so unterscheidet sich das ostfriesische Platt schon deutlich, da es hier viele sprachliche Einflüsse aus dem Niederländischen gibt. Das alles aber bezieht sich sowieso nur auf das gesprochene Wort – eine Art plattdeutschen Duden gibt es nicht.

Und wie war das gleich noch mal mit diesem komischen »Moin moin«? Die Nordlichter grüßen ja derart tatsächlich auch noch kurz vor der Tagesschau, aber tatsächlich braucht sich niemand veräppelt zu fühlen. »Moin« allein heißt zwar auch »Morgen«, als Gruß aber vor allem »gut«. Abgeleitet vom Begriff »mojen«, der steht für »gutes«. Man wünscht sich also in Wirklichkeit mit »Moin« einfach »einen Guten« oder genauer: einen guten Tag, wogegen »Moin, moin« schon zu viel wäre, gilt als »Sabbeln, Schnacken«, ist überflüssig.

Friesisch

Friesisch unterscheidet sich völlig vom Plattdeutschen. Gesprochen wird es vor allem noch auf Föhr, Amrum, Helgoland und in einigen Orten auf Sylt sowie in Nordfriesland. In Niedersachsen nur ganz punktuell im Saterland. Allerdings nimmt die Zahl der Sprecher trotz eifriger lokaler Bemühungen doch stetig ab.

Erschwerend wirkt, dass die sprachlichen Unterschiede zwischen den Inseln erheblich sind. Auf Sylt wird Söl'ring gesprochen, auf Helgoland Halunder, auf Föhr Fering und auf Amrum Öömrang.

Daneben gibt es noch wenigstens sechs dialektale Varianten auf dem Festland. Allein der Satz, dass man Friesisch spreche, kann sehr unterschiedlich ausfallen: »Ma me koost Dü frask/friisk/fresk snååke.« (Mit mir kannst du Friesisch sprechen.) Ziemlich komplex also. Aber wann immer Friesisch gesprochen wird, dann auch mit Stolz!

Auf den Bahnhöfen zwischen Husum und Westerland sind nun die Ortsschilder jeweils zweisprachig gehalten. Und der kleine Ort Dagebüll-Hafen, von wo die großen Fähren nach Amrum und Föhr ablegen, trägt ganz selbstverständlich auf dem Ortsschild auch seinen friesischen Namen: »Doogebel-Huuven«.

Unterkunft

Die Tourist Informationen verschicken detaillierte Gastgeberverzeichnisse. In allen Orten dominiert eine Kategorie, die Ferienwohnung (FeWo). Früher hieß das mal »Zimmer mit Kochgelegenheit«, und aus jenen fernen Tagen mag auch noch das eine oder andere Angebot stammen, aber das sind Ausnahmen.

Die heutigen FeWos bieten das komplette Spektrum, von einer sogenannten Einraumwohnung mit ausziehbarem Sofa bis hin zum Appartement mit mehreren Schlafzimmern und Bädern. Alles eine Frage des Preises. Frei stehende Einzelhäuser, wie sie in Dänemark sehr verbreitet sind, bleiben Ausnahmen.

Hotels und Pensionen existieren ebenfalls in den meisten Ferienorten, wobei auch hier eine gewaltige Angebots- und Preisschere zu beobachten ist. Von der einfachen Frühstückspension bis hin zum Fünf-Sterne-Luxus-Haus reicht das Spektrum. Gar nicht mal so gering ist das Angebot von Privatzimmern, manchmal mit Frühstück, nicht selten auch ohne.

Restaurant auf Stelzen am breiten Traumstrand von St. Peter-Ording

Fraglos die preiswerteste Alternative sind Jugendherbergen (Info: www.djh.de) und Campingplätze, von denen es auch eine Menge gibt, ein Verzeichnis ist unter www.deutsche-nordsee.info erhältlich. Weitere Infos über die Tourist Informationen der einzelnen Orte.

Geklärt werden sollte in jedem Falle vorher, ob Hunde oder andere Haustiere mitgebracht werden dürfen. Auch Raucher sollten klären, ob die gewünschte FeWo nicht vielleicht gerade eine Nichtraucherwohnung ist.

Wer möchte, kann bei vielen Vermietern auch ein Wäschepaket bestellen, muss also Handtücher und Bettwäsche nicht selbst mitbringen. Gegen Aufpreis, versteht sich. Ebenso darf man in den meisten Fällen noch eine sogenannte Endreinigung bezahlen, die mitunter ganz schön happig ausfällt.

Meist wünschen die Vermieter eine Abreise bis ca. 10 Uhr und eine Anreise am frühen Nachmittag. In der Zwischenzeit wird dann die Wohnung endgereinigt.

Verkehrsmittel

In **Schleswig-Holstein** fährt die Bahn von Hamburg kommend entlang der Nordseeküste bis hoch nach Sylt. Sie ist die einzige Insel, die auch per Bahn über einen Damm erreicht wird. Die Bahnlinie passiert viele Nordseeorte, andere wie St. Peter-Ording oder Büsum können mit einmaligen Umsteigen erreicht werden (www.bahn.de).

Lokale Busverbindungen gibt es praktisch für jeden Ort. Sie führen meist in die nächste größere Stadt und sind vom Fahrplan in erster Linie für Schulkinder oder Pendler ausgelegt. Größere Knotenpunkte sind Husum oder Heide.

In **Niedersachsen** lässt sich die Nordseeküste mit der Bahn nur teilweise erreichen. Möglich ist dies in Cuxhaven, Wilhelmshaven, Bremerhaven, Esens, Norden und Emden. Busverbindungen sind auch hier ausreichend vorhanden und zumeist auf die nächstgrößere Stadt ausgerichtet.

Auf vielen **Inseln** kann man kein Auto fahren, ersatzweise verkehren Busse oder teilweise Inselbahnen (Borkum, Langeoog, Wangerooge) oder Pferdekutschen (Juist). Auf anderen Inseln gibt es nicht einmal diese

Spannendes Manöver: Bei der Anlandung an Helgoland müssen die Passagiere in Tenderboote umsteigen

Möglichkeit, da wird geradelt – oder man ist ausschließlich zu Fuß unterwegs, denn auf Spiekeroog und auf Baltrum sind nicht einmal Radler erwünscht. Auf Helgoland kommt man ebenfalls nur zu Fuß herum – oder gelangt mit einem Fahrstuhl vom Unter- zum Oberland.

Schiffstouren werden praktisch in allen Häfen angeboten. Meist handelt es sich um kurze Schnuppertörns auf die Nordsee. ■

Die **fetten** Seitenzahlen verweisen auf ausführliche Erwähnungen, *kursiv* gesetzte Begriffe bzw. Seitenzahlen beziehen sich auf den Service.

akg-images: S. 171 u.
Auswandererhaus/Ilka Seer: S. 15
Volkmar Brockhaus, Arnsberg: S. 44, 78
Dat Otto Huus, Emden: S. 38
DSR Hotel Holding GmbH: S. 33, 34
Erlebnis Bremerhaven: S. 22; Wolfhard Scheer: S. 17, 20, 21
Erlebniszentrum Naturgewalten Sylt/Heiner Müller-Elsner: S. 150
Hans-Jürgen Fründt, Elmshorn: S. 4 o. l., 4 u., 6/7, 87, 88, 93, 96, 103, 118, 119, 125, 129, 130, 131, 132, 136, 138, 142, 143, 144, 145, 151, 152, 156, 159, 160, 161, 162, 168, 176 o., 190, 192, 197, 199
Gosch Sylt/alpha-f: S. 147
Helmut Gross, Bremerhaven: S. 13 u.
Stephan Hinrichs, Großheide: S. 50, 51
imagebroker/Alfons Hauke: S. 74; Egon Boemsch: S. 113
iStockphoto/3quarks: S. 135; Andreas Weber: S. 2 r., 109, 165; canoneye: S. 174; Fotozick: S. 35; hbbolten: S. 12; kama71: S. 121; Lijuan Guo: S. 141 o.; Neurobite: S. 164; Peter Wollinga: S. 84/85; Querbeet: S. 4 o. r., 157; Ralf Gosch: S. 105; RelaxFoto.de: S. 166; Rolf Fischer: S. 148; Sandymaya: S. 146; Stefan Laws: S. 179; Steffen Hoejager: S. 29; veger: S. 167; vora: S. 123
Udo Kefrig: S. 83
Klimahaus ® Bremerhaven: S. 14
Kunstmuseum Bremerhaven: S. 19
Kur und Tourismus Service/Oliver Franke, Büsum: S. 110
Kurbetriebs GmbH Norddeich: S. 46
Kurverwaltung Spiekeroog: S. 2 Mitte, 100
Achim Meurer, Tallinn: S. 10 u.
Ostfriesisches Teemuseum, Norden/Thomas Schreiber: S. 49
Pixabay/Carlos Urban: S. 72; Kordula Vahle: S. 8 l.
Pixelio: S. 177 o.; Helmut Brunken: S. 40 u.; Holger Seeger: S. 56; independend-c: S. 153; OlafH: S. 36
Michael Schmidt: S. 16, 18
Horst Schmidt-Brümmer, Köln: S. 154, 158
Andreas Schulz, Köln: S. 94 o., 94 u.
Shutterstock/AlexWolff68: S. 120; Bjoern Wylezich: S. 81; Carsten Medom Madsen: S. 176 u.; Conny Pokorny: S. 107; Daria Photostock: S. 195; Eryk Stawinski: S. 122, 128; FooTToo: S. 27; FrankHH: S. 24; Frederick Doerschem: S. 137; Gabriele Rohde: S. 75, 106; Gerckens-Photo-Hamburg: S. 180; Harald Lueder: S. 73; Heide Pinkall: S. 71; Juergen Wackenhut: S. 134; juerginho: S. 139; M Kunz: S. 127; MR Foto: S. 108; panoglobe: S. 82; penofoto: S. 177 u.; Raymond Thill: S. 140; Saga_bear: S. 76; Sina Ettmer Photography: S. 2 l., 23, 77, 149; tourpics_net: S. 133, 169
Stadt Brunsbüttel – III/Ordnungsamt – Tourismus: S. 104
Stadt-Jever.de: S. 63 o., 63 u.
Tourismus Marketing Service Büsum GmbH: S. 111, 112
Tourismus und Stadtmarketing Husum GmbH: S. 3 r., 126 u., 193
Tourismus-Agentur Schleswig-Holstein GmbH: S. 3 Mitte; Anke Stecher: S. 124
Tourismus-Service Westerland GmbH: S. 141 u.
Tourismus-Zentrale St. Peter-Ording: S. 3 l., 4 o. Mitte, 8 r., 114, 115, 116, 117
Tourist Information Friedrichstadt: S. 186
VISTA POINT Verlag (Archiv), Rheinbreitbach: S. 10 o., 13 o., 101 u., 163 o., 170, 171 o., 172, 175
Wikipedia/Dennis Wubs: S. 54; Martina Nolte: S. 70 o.; Photoglob: S. 173; RaBoe: S. 79; Thiele: S. 185; Tuxyso: S. 30, 80; (CC BY 2.5)/Heidas: S. 60; (CC BY-SA 2.5)/VollwertBIT: S. 126 o., (CC BY-SA 3.0)/Huebi: S. 98
www.mediaserver.hamburg.de: S. 163 u.
www.nordseetourismus.de: S. 155
www.ostfriesland.de: S. 68
www.ostfriesland.travel: S. 1, 37, 39, 40 o., 41, 42, 43, 45, 47, 48, 52, 53, 55, 57, 58, 59, 61, 62, 64/65, 65 o., 66, 67, 69, 70 u., 86, 89, 90, 91, 92, 95, 97, 99, 101 o., 102, 178, 181, 182, 183, 184, 186 o., 187, 188, 189, 191, 194

Titelbild: Leuchtturm List-Ost auf dem Ellenbogen von Sylt (Foto: iStockphoto/Symbiont)
Äußere Umschlagklappe hinten: Urlaubsfeeling am Strand von Cuxhaven (links/s. S. 77), Schafe weiden auf dem Deich von Brunsbüttel (rechts/s. S. 106)
Schmutztitel (S. 1): Seehund im Aquarium in Wilhelmshaven
Seite 2/3 (v. l. n. r): Wanderdünen nördlich von List (Sylt), Spiekerooger Strand, Seehunde am Nordstrand von Helgoland, Pfahlbaurestaurants in St. Peter-Ording, Salzwiesenlamm, Krabbenkutter auf dem Heverstrom bei Husum
Seite 4 (v. l. n. r): Badekarren auf Borkum, Reetdachhaus in St. Peter-Ording, Mietschaufeln auf Amrum; Kiter auf Sylt (S. 4 u.)
Seite 8 (v. l. n. r): Greetsieler Zwillingsmühlen, am Strand von St. Peter-Ording

Mit Textbeiträgen aus »1000 Places To See Before You Die – Deutschland · Österreich · Schweiz« von Die Journalisten, Holger Möhlmann, Detlef Schmalenberg, Horst Schmidt-Brümmer, Christian Schnohr, Ellen Schwarz, Patricia Schultz und Katrin Tams.

Unser Autor hat diese Ausgabe während dem Ausbruch des Coronavirus recherchiert. Aufgrund der Pandemie kann es zu veränderten Öffnungszeiten und Zugangsbeschränkungen sowie Schließungen kommen. Wir bitten dies zu entschuldigen!

Reihenkonzeption: Andreas Schulz & VISTA POINT-Team
Bildredaktion: Kathrin Fäller
Lektorat: JB Bild|Text|Satz
Layout und Gestaltung: Britta Wilken
Reproduktionen: Henning Rohm, Köln; Noch & Noch, Datteln
Kartographie: Huber Kartographie GmbH, Unterschleißheim
Druckerei: Florjancic tisk d.o.o., Slowenien

ISBN 978-3-96141-576-2

An unsere Leser!
Die Informationen dieses Buches wurden gewissenhaft recherchiert und von der Verlagsredaktion sorgfältig überprüft. Nichtsdestoweniger sind inhaltliche Fehler nicht immer zu vermeiden. Für diese übernimmt der Verlag keine Haftung. Für Ihre Korrekturen und Ergänzungsvorschläge sind wir dankbar.

VISTA POINT Verlag
Rolandsecker Weg 30 · 53619 Rheinbreitbach
Telefon: +49 (0)2224/7795-0 · Fax: +49 (0)2224/7795-100
info@vistapoint.de · www.vistapoint.de · www.facebook.de/vistapoint